CB028754

Stanislávski
e o Método de Análise Ativa

Editora Perspectiva

Supervisão editorial J. Guinsburg
Coordenação de texto Luiz Henrique Soares e Elen Durando
Edição de texto Iracema A. de Oliveira
Revisão de provas Geisa Mathias de Oliveira
Capa e projeto gráfico Sergio Kon
Produção Ricardo Neves, Sergio Kon e Lia N. Marques

Nair D'Agostini

Stanislávski e o Método de Análise Ativa

a criação do diretor e do ator

CIP-Brasil. Catalogação-na-Fonte
Sindicato Nacional dos Editores de Livros, RJ

D127s

D'Agostini, Nair
Stanislávski e o método de análise ativa : a criação do diretor e do ator / Nair D'Agostini. - 1. ed. - São Paulo : Perspectiva, 2018.
216 p. ; 21 cm. (CLAPS Centro Latino-Americano de Pesquisa Stanislávski ; 2)

Apêndice
Inclui bibliografia
ISBN 978-85-273-1141-0

1. Stanislavski, Konstantin, 1863-1938 - Crítica e interpretação. 2. Método (Representação teatral). 3. Artes cênicas. I. Título. II. Série.

18-53154 CDD: 792.028
CDU: 792.028

Meri Gleice Rodrigues de Souza - Bibliotecária CRB-7/6439
11/10/2018 19/10/2018

1ª edição

-[PPD]

EDITORA PERSPECTIVA LTDA.

Av. Brigadeiro Luís Antônio, 3025
01401-000 São Paulo SP Brasil
Telefax: (11) 3885-8388
www.editoraperspectiva.com.br

2019

1935-1936

A mim, ainda me resta viver dois,
três anos, os últimos. O que eu devo fazer
é transmitir minha experiência e método
para quem quiser recebê-los.
Peguem, eu darei tudo o que sei.

KONSTANTIN STANISLÁVSKI

Dedico este estudo in memoriam *aos meus mestres Tovstonógov e Kátzman.*

AGRADECIMENTO

O livro que ora apresento é fruto de reflexões sobre minhas referências e trajetória acadêmica e artística em artes cênicas. Por fazerem parte desse percurso, quero agradecer algumas pessoas. Ficarei eternamente grata à professora doutora Elena Vássina, da Universidade de São Paulo, pela reiterada amizade e pelo apoio fundamental para que este projeto se realizasse. Ao Luciano Castiel, da Escola Macunaíma, pelo apoio na efetivação desta publicação. À professora doutora Arlete Orlando Cavaliere, pela orientação no meu período de doutoramento junto à FFLCH-USP. Aos parceiros atores da pesquisa prática: Cristiane Werlang, Gustavo Muller, Luana Rodrigues, Maria Andréa Soares, Michele Zaltron e Rafael Sieg. Ao Rafael também agradeço pelo empenho e diálogo. Ao Celso Sant'Anna, pela amizade e força incondicionais na concretização deste livro. À Klara Gurianova, pela generosidade em ajudar a sanar dúvidas da língua russa, da bibliografia e dos autores. Aos meus ex-colegas do Departamento de Artes Cênicas da Universidade Federal de Santa Maria e a todos os meus ex-eternos alunos que cooperaram para o amadurecimento das reflexões ao longo dos anos. Aos meus queridos pais Fiorelo e Olimpia *in memoriam*. À minha querida família, quero agradecer pelo apoio e afeto de sempre. À Adriana D'Agostini e ao Mauro Titton, pela presença constante. A todos os amigos que de alguma forma me apoiaram para a realização deste trabalho.

Sumário

Apresentação

Preservar a herança de Stanislávski –
isso significa desenvolvê-la.

M.N. KÉDROV

Esta obra é fruto de meu percurso de estudo em artes cênicas iniciado com minha chegada à União Soviética por ter tido o privilégio de receber uma bolsa de estudo em teatro do Ministério da Cultura da URSS.

Em 30 de setembro de 1978, em plena ditadura militar no Brasil, após muitos percalços consegui chegar a Moscou. Lá, com o primeiro dia de neve, vi-me entre milhares de estudantes estrangeiros. Após uma noite gélida em Moscou, fui enviada pelo Ministério de Educação da URSS à cidade de Leningrado, hoje São Petersburgo. A viagem de trem rumo ao desconhecido e sem a compreensão suficiente da língua russa que me permitisse manter alguma comunicação razoável, a não ser a mimética, anunciava o que estaria por vir. Vivi a contradição entre a alegria de ver meu sonho a tanto tempo alimentado sendo realizado e a insegurança do porvir.

Ao chegar à estação, fui recebida e conduzida ao LGITMiK – Instituto Estatal de Teatro, Música e Cinema de Leningrado, denominado

N.K. Tcherkássov[1]. Fui a primeira brasileira a estudar nesse instituto, onde ninguém falava a língua portuguesa. Tive, então, a impressão de pertencer a uma tribo totalmente desconhecida no mundo.

Vencidos os primeiros obstáculos com o idioma e com a adaptação – já que o inverno na virada do ano chegou à temperatura de -45°, algo para mim, até então, inimaginável –, passei a assistir às aulas de direção e de atuação. A instituição definiu que, como aluna de pós-graduação, eu frequentaria os cursos de Maestria do Ator Dramático, de Arkádi Kátzman (1921-1989), e de Direção Dramática, de Gueorgui Tovstonógov (1913-1988).

Estudar com esses dois grandes mestres do teatro soviético pelo período de mais de três anos, ou seja, de outubro de 1978 a dezembro de 1981, permitiu-me acessar um conhecimento direto da escola soviética sobre o "sistema" de Stanislávski, o qual serviu de base e guiou-me a partir de então ao longo do percurso acadêmico e do artístico.

Neste livro, sistematizo conhecimentos adquiridos sobre o método de análise ativa e sua aplicação no curso de Artes Cênicas da Universidade Federal de Santa Maria-UFSM, no qual atuei como professora. Essa sistematização estava pendente em decorrência do envolvimento total com atividades de ensino, pesquisa e extensão do curso. Se posso considerar cumprida uma parte do compromisso em socializar o conhecimento que pude acessar na URSS com sua transmissão via direta, nas aulas e orientações aos alunos, ainda havia uma pendência com outra importante parte: a de disponibilizar uma sistematização escrita acessível ao público e, mais especificamente, aos artistas das Artes Cênicas.

Os profissionais formados na UFSM aos quais dei aulas e orientei hoje somam mais de uma centena espalhados pelo Brasil, atuando como atores, diretores, professores e promotores culturais. Muitos deles já concluíram suas dissertações e teses, nas quais abordam diretamente aspectos do "sistema" de Stanislávski ou de seus discípulos

1 Em 1993, o LGITMIK passou a denominar-se Academia Estatal de Arte Teatral de São Petersburgo (SPGATI). No ano de 2015, recebeu o nome de Instituto Estatal Russo de Artes Cênicas (RGISI).

diretos ou indiretos. Ainda que o conhecimento transmitido esteja sendo aplicado e se expandindo em diferentes atividades artísticas, pedagógicas e culturais, penso que se encontra em pequena escala. Além disso, há equívocos e mal-entendidos sobre o "sistema" que permanecem; em certa medida, eles sempre existirão, uma vez que esse saber necessita de uma apropriação por meio da prática e, portanto, a sensibilidade e a capacidade de cada um fazem com que a peculiaridade subjetiva sempre esteja presente em relação com a objetividade do "sistema" e de suas leis. Espero que este livro, além de contribuir para superar alguns dos equívocos e mal-entendidos, possa cooperar para a área teatral com esse saber recebido diretamente de grandes mestres russos. Ressalto que o importante é a honestidade e a seriedade com que nos aproximamos e nos apropriamos de determinado conhecimento e nossa atitude diante dele, encarando-o como um valioso patrimônio produzido por nossos antecessores, o qual temos a obrigação de preservar e de desenvolver para a transformação de nossas potencialidades artísticas, culturais e humanas.

Atualmente, há uma expansão significativa de acesso sobre o "sistema" através de traduções diretas do russo, novos escritos e de trabalhos acadêmicos, além do curso da UFSM. Ainda assim, penso que este livro contém uma contribuição original sobre o "sistema" de Stanislávski desenvolvido na escola de Tovstonógov e Kátzman e por mim filtrada e trabalhada num contexto específico, o que pode ser visto no anexo da obra.

O impulso que me levou a realizar este estudo não foi a pretensão de possuir a verdade sobre o "sistema", por tê-lo recebido na fonte direta, mas, como já disse, foi a de fazer uma reflexão sobre minha trajetória artística e acadêmica, com base num conhecimento adquirido com grandes mestres, herdeiros da tradição de Stanislávski, mas que foi assimilado e aplicado por mim dentro de determinadas peculiaridades artístico-pessoais.

Penso estar propiciando uma modesta contribuição ao "sistema" de Stanislávski – sobretudo no que tange a seu último período, o método de análise ativa – aos profissionais do teatro no Brasil, a partir do inesgotável material escrito que o mestre nos deixou. A fundamentação teórica e metodológica sobre o recorte que fiz do "sistema" – na apresentação da análise ativa e de seus elementos, que considero fundamentais para a criação por meio do método – estão aqui apresentadas.

O Método de Análise Ativa e os Princípios de Direção Cênica

O método de análise ativa se apresenta, para mim, como o mais completo meio de trabalho com o ator nos dias de hoje; ele representa o coroamento de muitos anos de investigação de Stanislávski no domínio da metodologia.

TOVSTONÓGOV, *Zérkalo Stséni*, v. 1, p. 235.

No início do século XX, as inquietações sobre a especificidade artística do teatro, a sua linguagem, expressaram preocupação de todos aqueles que se dedicaram seriamente a essa arte. Stanislávski se sobressai entre os artistas, pesquisadores e pedagogos que se dedicaram a encontrar uma espécie de gramática que pudesse dar conta da complexidade da arte teatral, e pela qual fosse possível expressar a "vida do espírito humano".

As pesquisas desenvolvidas por ele durante toda a sua vida artística como diretor, ator e pedagogo, as quais originaram o seu "sistema", culminaram no método das ações físicas. Como decorrência deste, por meio de um processo constante de investigação, preocupado em captar o impulso de vida que originou a criação do autor, Stanislávski nos contempla com o chamado, por seus discípulos, método de análise ativa. O método constitui-se num paradigma do diretor teatral para a análise da obra do autor através da ação, e é um caminho para o ator recriar, em seu sentido mais profundo, a atualidade da obra, dando origem ao espetáculo.

A análise ativa consiste em um método capaz de acionar o pensamento ativo e criativo do diretor e do ator, gerando um processo de conhecimento da estrutura da ação dramática que se complementa e concretiza, na prática, através do processo de criação do ator, por meio do método das ações físicas, envolvendo todo o seu aparato psicofísico. Esse método de investigação da obra pela ação psicofísica do ator e sua estruturação pelo diretor, experimentado e desenvolvido pelo próprio Stanislávski em seus últimos anos de existência, continua a ser utilizado e em processo de desenvolvimento por seus discípulos diretos e indiretos, como também adotado por artistas de todo o mundo que dele obtiveram conhecimento. A eficácia do método e a sua flexibilidade têm possibilitado o desvelamento da estrutura da ação em diferentes materiais textuais, respeitando o significado mais profundo do texto, possibilitando, assim, uma criação original a partir da individualidade do diretor e do ator.

A análise ativa se coloca como uma via producente para o diretor conduzir o processo criativo pela ação, princípio primordial do teatro. A investigação da estrutura da ação, que se dá na experimentação mediante a criação do ator através da ação psicofísica, pode revelar o impulso primeiro que originou a obra, permitindo alcançar níveis diferenciados entre texto e ação, que transcendem a mera ilustração da palavra. A maior ou menor complexidade de compreensão da ação depende da relação dialógica que se estabelece entre texto e sujeito que compreende e desvela a ação contida nele, por meio da vivência.

A investigação da ação do texto pelo método de análise ativa possibilita ao diretor introduzir o ator direta e imediatamente na atividade produtiva com seu corpo e sua mente, colocando-o como parte fundamental do processo criativo.

A importância atribuída ao resgate do sentido primeiro do texto é de importância fundamental para a criação teatral, pois é nele que está contida a verdade que ainda pode nos encantar e revelar algo sobre nossa atualidade, vivenciada, no aqui e no agora, pelo ator. A arte verdadeira se caracteriza por ser portadora e geradora de vida, por conter um "impulso vital" sempre renovado em cada sujeito-leitor-espectador. O teatro tem esse poder de renovação da vida a cada momento da apresentação de um espetáculo. O espectador participa, por identificação, desse fenômeno vital, que é alcançado quando o ator consegue a fusão orgânica do seu ser com a personagem e o poeta.

A meta de Stanislávski durante toda a sua vida foi compreender e tornar consciente esse "mistério" da criação, pois, para ele, "a verdadeira arte deve ensinar como despertar conscientemente em si mesmo a natureza inconsciente, para a criação orgânica supraconsciente"[2].

O "sistema", resultado da investigação e da inquietação de toda uma vida, complementa-se com a sistematização do método de análise ativa, que contém em si o método das ações físicas. Esse permanece em aberto como meio e possibilita chegar à essência da obra dramática, ao núcleo que determina o sentido da criação, a ação e sua recriação pelo ator. No processo, é promovido o desenvolvimento psicofísico integral do ator em seu papel, resultando no espetáculo, uma unidade da criação do autor, do diretor e do ator.

Jerzy Grotowski (1933-1999) assinala dois princípios nos quais fundamenta seu respeito por Stanislávski:

> O primeiro foi a sua autorreforma permanente, o seu contínuo submeter à discussão o trabalho, as suas etapas precedentes. [...] O segundo motivo pelo qual respeito Stanislávski é pelo seu esforço em pensar a base daquilo que é prático e concreto. Como tocar o que não é tangível? Quis encontrar as vias concretas sobre o que é secreto, misterioso. Não os meios, contra os quais lutava e chamava de "padrões", mas os caminhos.[3]

2 K. Stanislávski, *Pólnoie Sobránie Sotchinéni v 8 Tomakh, t. 1: Moiá jizn' v Iskússtve*, p. 406.

3 S. Jimenez (org.), *El Evangelio de Stanislávski*, p. 492. Jerzy Grotowski, polonês, diretor e investigador de teatro influenciado pela técnica das ações físicas de Stanislávski, a biomecânica de Meierhold e o teatro oriental. Dirigiu o teatro-laboratório de Wróclaw, definido como ► ▷ "teatro pobre" e voltado ä relação ator-espectador. Em 1986, fundou o Centro de Pesquisa e Experimentação Teatral de Pontedera, na Itália, onde, em seu último período, buscou

Stanislávski, com o método de análise ativa, concretiza o ideal das buscas artísticas e metodológicas de seu "sistema", que sempre foi o de possibilitar a formação de um ator que ultrapassasse a mera interpretação de um texto, que participasse ativamente do processo de criação, resgatando a sua individualidade como sujeito criativo, através de sua especificidade artística.

Gueorgui Aleksandrovich Tovstonógov (1915-1989)[4] fala da evolução constante que sofreu o "sistema", o que testemunha não a contradição, muitas vezes apontada, mas a coerência de Stanislávski em seu processo de investigação, que se dá na seguinte ordem: o pensamento como fator primordial do processo criativo, com o qual chega ao subtexto; o monólogo interior, em que o caráter humano se revela principalmente pelo intelecto. Como despertar os sentimentos no ator, no processo de existência cênica da personagem? Desde o início, a emoção foi sempre algo derivado; o ator que confia na inspiração e no subconsciente da criação cai no clichê; é preciso confiar na evocação consciente, deliberada das emoções necessárias; o fator volitivo, a "vontade", produz as emoções necessárias e leva a resultados corretos que correspondem aos conceitos de objetivo e ação total, que ainda hoje mantêm validade.

Essa evolução foi confirmada e comprovada por um processo criativo realizado nos *estúdios*, o que levou Stanislávski a formular as leis da atuação cênica constantes de seu "sistema". Todas as suas "verdades" foram amplamente reconhecidas mediante a qualidade artística dos atores e dos espetáculos do TAM, nos quais, para a sua criação, na primeira etapa era utilizado o chamado "ensaio de mesa", em que, por meio de uma cuidadosa análise da ideia, das personagens, dos objetivos e do superobjetivo, compreendia-se intelectualmente a obra, para só numa segunda etapa passar-se para o espaço cênico e à atuação. Stanislávski, sempre inquieto em relação aos resultados artísticos de suas investigações, percebeu o papel

desenvolver práticas, técnicas e metodologias criativas ligadas ao seu trabalho, que denominou "A Arte Como Veículo", no qual investigou os processos ligados aos cantos antigos.

4 G.A. Tovstonógov, op. cit., v. 1, p. 236.

preponderantemente ativo do diretor nesse processo da criação, enquanto ao ator era relegada uma posição passiva. Constatado tal perigo, ele percebeu outro, que consistia no desenvolvimento não integral do psicofísico do ator. Diz Tovstonógov:

> A Stanislávski preocupou muito a falta de uma oportunidade para o desenvolvimento harmonioso, completo, de todo o aparato do ator, o psíquico e o físico, durante o processo de criação; tanto que se pôs a revisar todo o seu sistema e, pouco antes de sua morte, desenvolveu um novo sistema, mais tarde recebendo o nome de Método de Análise Ativa. Stanislávski chegou à conclusão de que somente a reação física do ator, a cadeia de suas ações físicas e a ação física na cena estimulam a razão e a vontade, e evocam, em última instância, tal emoção, o sentimento, graças ao qual existe o teatro. Havia descoberto finalmente o estímulo básico no processo que conduziria o ator "do consciente ao subconsciente".[5]

Ruggiero (1946-1992)[6] também fala sobre as aparentes contradições no desenvolvimento do "sistema", quando Stanislávski inverte o conceito *crer para agir* e o transforma em *agir para crer*, o que o leva a mudar os procedimentos dos ensaios.

> Com relação à análise de mesa, Stanislávski não se contradisse. Simplesmente, descobriu que o momento de o fazer devia ser outro. Não no começo do trabalho do ator, mas no momento adequado, depois que o ator, "em temperatura", tivesse encontrado o essencial de sua personagem e das situações. É então que a análise de mesa cobra importância, e serve para que o ator aprofunde sua busca e não se paralise. Aqui, longe de

5 Ibidem, v. 1, p. 237.

6 Angel Ruggiero, de origem argentina, exilado na Espanha, formou-se com o diretor Raul Serrano, em Buenos Aires. Realizou sua vida profissional como professor, ator e diretor, em Madri. Vinculado ao teatro independente, foi um dos fundadores do grupo La Quarta Pared.

encontrar uma contradição, encontramos uma reafirmação do conceito, porém uma modificação do uso no tempo deste.[7]

Ele conclui que, com essa mudança, Stanislávski mostra-nos a lei do desenvolvimento do processo criativo do ator, que é a lei do desenvolvimento do objeto de sua investigação, a personagem. A importância do método, enquanto atividade interativa e criativa do diretor e do ator no processo de criação do espetáculo, é confirmada pelos seus discípulos, que aplicaram o método em suas inúmeras criações e no seu processo pedagógico.

1. Elementos do "Sistema" Para a Análise do Texto

Antes de entrar nos procedimentos da análise da obra, será definida e esclarecida a terminologia de alguns elementos que a compõem, como superobjetivo, linha transversal de ação e circunstâncias propostas.

1.1. Superobjetivo

Stanislávski, em seu "sistema", avaliou que as forças motrizes da vida psíquica – mente, vontade e sentimento – possuem o poder de mobilizar todas as forças internas da criação, ou seja, ativam todos os elementos da ação que conduzem para o cerne da obra, para o objetivo essencial do autor, do diretor e do ator. O objetivo principal do diretor e do ator, com o espetáculo, é transmitir todo

7 *Máscara*, ano 3, n. 15, p. 75.

o material espiritual que o autor reflete na obra, ou seja, as ideias, os sentimentos, os sonhos, as alegrias e as dores. Esse fim essencial, que levou o autor a escrever a obra, foi chamado de "superobjetivo" e é o que movimenta todas as forças psíquicas, elementos, ações e atitudes dos atores em suas personagens.

Consideramos que o superobjetivo é um dos elementos fundamentais do "sistema" para a atitude do diretor diante da análise da obra, para a concretização do espetáculo e para o ator na criação do papel.

Tovstonógov considera que:

> A mais importante das ideias, no sistema de Stanislávski, é a do "superobjetivo", tal como ele chamou o sentido principal de uma obra dramática. No trabalho sobre o espetáculo, a principal preocupação de Stanislávski era a de encontrar um verdadeiro e absorvente "superobjetivo" que subordinasse a totalidade da montagem.[8]

E salienta ainda que Stanislávski ampliou o conceito de "superobjetivo" com o de "super-superobjetivo", o qual contempla a totalidade da vida do homem-artista, toda a atividade do autor, diretor e ator, e possibilita ligar a individualidade artística com os problemas de importância fundamental na contemporaneidade, fazendo com que autores clássicos tenham voz no mundo atual, unindo os pensamentos e os sentimentos dos autores, diretores, atores e do espectador num só impulso.

Stanislávski[9] fala desses vitais propósitos do artista e do ser humano, que podem ser chamados de objetivos supremos e de linhas supremas da ação. Dá também um exemplo real de sua vida, que ilustra a origem do super-superobjetivo e da "superlinha transversal de ação" e como surgiram nele a ideia e a necessidade de estabelecer como artista e cidadão um fim maior, que contenha

8 Op. cit., v. 1, p. 40.
9 *Pólnoie Sobránie Sotchinéni v 8 Tomakh, t. 2: Rabota Aktiora Nad Soboi* [...], p. 341.

a hierarquia dos fins. Ao ver uma multidão que esperava numa fila durante toda a noite, debaixo de neve, para comprar ingressos no dia seguinte, arriscando a saúde e até a vida, foi levado pelo desejo de criar um objetivo tão elevado que contemplasse toda a sua vida como artista e homem, que correspondesse ao seu objetivo supremo na vida e ao seu cumprimento, a linha suprema de ação, os quais foram chamados por ele de super-superobjetivo e superlinha transversal de ação.

Ele deve conter a ideia do autor, que surge do seu conteúdo mais profundo, pressupondo um mergulho no universo espiritual do escritor, em suas ideias, nos motivos impulsores de sua obra. O superobjetivo do autor é a finalidade principal da obra. Por isso, na sua definição deve estar contemplada a própria universalidade. O trabalho criativo do diretor e do ator, seja a partir de uma obra dramática, literária ou de outro material textual, deve orientar-se por ele.

Para Knebel (1898-1985)[10], a definição do superobjetivo é a principal incumbência dos diretores e atores para concretizar em cena as ideias e sentimentos do dramaturgo, os quais o fizeram escrever a obra. Ele atrai para si todas as tarefas que mobilizam as forças internas, como o intelecto, a vontade e o sentimento, e as externas, como as ações, as atitudes e os elementos sensoriais do ator para com o seu personagem. O que possibilita a realização do superobjetivo da obra pelo ator é o seu correto entendimento do papel[11].

Stanislávski, em toda a sua vasta obra, não cansou de reforçar a importância do superobjetivo no trabalho do ator, na criação do papel. Ele afirma que a máxima proposição dos grandes autores dramáticos é oferecer um objetivo emocional para o trabalho do ator que carregue todos os diversos elementos da obra e do papel: "Tudo o que ocorre na obra, todas as tarefas isoladas grandes ou pequenas,

10 Maria Knebel foi aluna de Stanislávski, no segundo estúdio, e atriz do TAM. Em 1936, foi convidada a trabalhar no Estúdio de Ópera e Arte Dramática. Pedagoga do Gitis (Instituto Estatal de Arte Teatral de Moscou, desde 1991, Rati - Academia Russa de Arte Teatral), foi diretora teatral e autora de inúmeras obras sobre o "sistema" de Stanislávski. Cf. G. Abensour, *Maria Knebel: Uma Vida Para o Teatro no Tempo de Stanislávski e Stálin.*

11 Cf. *El Último Stanislávski*, p. 51-53.

todos os pensamentos e ações do artista relacionados com a criação e o papel tendem a concretizar o superobjetivo."[12]

Para ele, a qualidade da obra e o poder de atração do superobjetivo tornam a aspiração real, humana, ativa, como uma artéria que alimenta todo o organismo do artista e da personagem.

Stanislávski[13] declara que o superobjetivo consciente é imprescindível. Aquele que nasce da emoção estimula toda a personalidade do artista, ele é tão necessário quanto o alimento. E aquele que nasce da vontade é essencial, pois arrasta todo o ser físico e espiritual.

O superobjetivo para o papel deve vir do autor, mas deve ressoar na alma do ator. É ele que gera desejo para a sua realização, estimula a imaginação criativa, absorve nossa atenção, satisfaz o sentido da verdade, desperta a fé e os demais elementos da atitude do ator. Deve ser fundido com a sensibilidade do ator, converter-se em algo próprio, encontrar sua essência interior. Ele deve estar estreitamente unido ao plano do subconsciente.

Sua busca exige tempo, atenção e investigação profunda na obra do autor e deve repercutir no espírito do ator. Sobre essa lenta assimilação do superobjetivo por parte do ator, Nemiróvitch-Dântchenko (1858-1943)[14] diz que: "Uma semente, ao cair na terra, germina, porém ao preço da própria decomposição; exatamente o mesmo ocorre com a obra de um poeta ao penetrar na alma artística, já que desperta sua criatividade, porém, ao fazer isso, morre dentro dela."[15]

Como já foi dito, a definição do superobjetivo exige um difícil processo de investigação que mobiliza não só o intelecto, mas os sentimentos e a vontade do diretor e do ator, e Stanislávski determinou que fosse nomeado por um verbo de ação, para reforçar o ímpeto de desejo ardente da criação. A precisão do nome, da ação que este encerra, depende da orientação e do enfoque da obra. A ampliação

12 *Pólnoie Sobránie Sotchinéni v 8 Tomakh, t. 2*, p. 333.

13 Ibidem, p. 334.

14 Vladímir I. Nemiróvitch-Dântchenko, fundador do Teatro de Arte de Moscou, dramaturgo, pesquisador, pedagogo e diretor teatral.

15 Nemiróvitch-Dântchenko apud K. Stanislávski, *Pólnoie Sobránie Sotchinéni v 8 Tomakh, t. 5: Stat´i, Réchi, Zamétki, Dnevniki, Vospominânia* [1877-1917], p. 528.

do superobjetivo, ou seja, a sua universalidade no plano humano, social e filosófico, dá à obra um conteúdo mais profundo.

O superobjetivo universalizado amplia e aprofunda o sentido da obra. Stanislávski[16] dá seu exemplo, entre outros, em *Hamlet*, que, se for determinado assim: "quero honrar a memória de meu pai", tem a conotação de um drama familiar. Mas, se for: "quero conhecer o sentido da existência", resulta, então, numa tragédia mística, na qual o homem que vislumbrou para além da vida já não pode deixar de resolver essa questão. E acrescenta outro mais amplo: "quero salvar a humanidade", que amplia e aprofunda ainda mais a tragédia.

A eleição das palavras que nomeiam o superobjetivo é de suma importância para a arte e a técnica do ator, e para a orientação do espetáculo como um todo. A escolha errada pode levar o ator à expressão de sentimentos, que o levam à passividade e ao clichê. São numerosos os exemplos extraídos de sua experiência pessoal no papel que o mestre nos dá desse perigo. Aqui, cito a obra *Mirandolina*, de Carlo Goldoni (1707-1793), em que o superobjetivo eleito foi: "a dona de nossas vidas é a mulher Mirandolina, a dona da pousada". Esse só foi formulado, mais corretamente, depois de ter sido corrigido o do papel, no qual Stanislávski representava "o misógino", pois tinha como superobjetivo: "quero evitar as mulheres". Ao perceber a paralisia da personagem, a falta de humor e ação, compreendeu que o herói amava as mulheres e que sua atitude era fingida e mudou para: "quero galantear em segredo". Essa mudança tornou o ator ativo, deu vida ao espetáculo e ajudou a estabelecer o superobjetivo da obra de forma mais correta[17].

O ator, nesse processo de busca, deve ter cautela para não eleger um objetivo secundário que o desvie do grande propósito do papel. Para isso, deve vigiar para que todos os objetivos dos acontecimentos e as linhas da vida da personagem se dirijam a um lugar comum a todos, isto é, ao superobjetivo do espetáculo. Assim, todas as linhas, grandes e pequenas, da vida do papel devem se orientar para um

16 *Pólnoie Sobránie Sotchinéni v 8 Tomakh*, t. 2, p. 336.
17 Ibidem, p. 337.

único ponto, o superobjetivo da obra. Ele e a linha transversal de ação estão, íntima e organicamente, ligados à obra e não podem ser inventados por temas estranhos a ela agregados.

A renovação da obra, a sua modernização, não pode destruir o eterno nela, que se assenta nos grandes temas e ideias que dizem respeito a toda a humanidade. A tendência, na obra, são os acréscimos modernos para a sua renovação, que a ela não deve ser alheia, mas contemplada e descoberta na obra, e permitida pela sua relação com a modernidade.

Portanto, a tendência deve se harmonizar com o superobjetivo da obra, não podendo existir de modo autônomo por estar vinculada organicamente a ele e à linha transversal de ação. Esses dois elementos Stanislávski considerou os mais valiosos do "sistema"[18].

O superobjetivo deve orientar o ator ao longo da obra, traçando a linha psicofísica da vida que representa, da ação ininterrupta que atravessa o papel. O propósito da obra expresso por ele deve estar sempre presente no espírito do ator, em sua imaginação e sensibilidade. "Do superobjetivo nasceu a obra do escritor e para ele deve dirigir-se a criação do artista."[19] Ele é o núcleo que une todas as linhas da criação, as quais seguem as forças motrizes da vida psíquica, conectadas a todos os demais elementos da arte do ator.

Knebel, discípula direta de Stanislávski, afirma: "O superobjetivo tem que ser 'consciente', tem que partir da razão, do pensamento criativo do ator, tem que ser emocional, capaz de excitar toda sua natureza humana, e, por fim, voluntário, tem que partir de seu 'ser espiritual e físico'."[20]

Quando o superobjetivo é tomado do núcleo da obra, do mais profundo de seus mistérios, desperta a fantasia criativa do ator, estimula a sua fé e toda a sua vida psíquica. E quando bem definido o "o que quero", estabelece todas as relações, ações e comportamentos e indica a direção para o trabalho prático da criação. É ele que

18 Ibidem, p. 334.
19 Ibidem, p. 338.
20 M. Knebel, *El Último Stanislávski*, p. 53.

impulsiona o autor a criar sua obra e é ele que vai dirigir o ator em sua atuação, respondendo às perguntas: "O que quero?" (desejo-objetivo/tarefa); "O que faço?" (ação psicofísica); "Como faço?" (habilidade artística). Para atingir "O que quero?", o ator tem que realizar ações lógicas e coerentes que criem uma linha ininterrupta de ações, que expressem as ideias e sentimentos da personagem, formando assim a linha transversal de ação e, consequentemente, alcançando o superobjetivo. Toda a vida psicológica da personagem e todas as suas ações devem dirigir-se para a realização deste. A realização do superobjetivo da obra, que se dá através da linha transversal de ação do ator, é a concretização da ideia fundamental do método pedagógico de Stanislávski: partir da criação consciente para atingir o inconsciente.

Com a importância atribuída ao superobjetivo para a arte do diretor e do ator, Stanislávski resgata a força do espírito que a arte deve conter, pois o superobjetivo passa de procedimento a princípio estético, valor espiritual da arte teatral.

1.2. Linha Transversal de Ação

Todos os elementos da ação interna e externa têm o objetivo de forjar a atitude orgânica do ator em cena e a sua preparação para a busca profunda do superobjetivo e da ação central, ou seja, a linha transversal de ação em seu papel. Tudo o que existe no "sistema" se faz necessário, sobretudo, para poder realizar essa complexa tarefa, a linha transversal de ação, atingindo por ela o superobjetivo. Stanislávski afirma que não há criação na arte teatral na ausência desses dois essenciais elementos da atuação, simplesmente há a execução de alguns exercícios isolados que não possuem ligação entre si, e que não podem ser considerados arte.

A linha transversal de ação da obra é a concretização da sua linha axial, da sua espinha dorsal, que se dá por meio da ação dos atores. É o caminho por onde o superobjetivo se afirma, ao longo da obra. Quando ela não existe, a criação não consegue sobreviver, pois a obra se torna mutilada, fragmentada, e não forma uma totalidade. Toda obra bem construída possui, intrinsecamente, por sua natureza composicional, o superobjetivo e a linha transversal de ação, e eles são revelados para o ator e o diretor à medida que vão se aprofundando na estrutura da ação e na ideia da obra.

Como já foi esclarecido, ele deve conter a ideia central da obra, sendo que Stanislávski encontrou uma via concreta para realizar a ideia abstrata, que é a ação psicofísica do ator, a linha transversal de ação, que une organicamente toda a obra. Para cumprir com tão alta missão, criou um sistema dos meios de educação do ator que determina desde o mais sutil até o mais difícil e complexo movimento psicológico: tudo deve ser transformado em ação.

Stanislávski chama de linha transversal de ação do ator em sua personagem a tendência ativa das forças motrizes da vida psíquica do ator, no papel, que passam por toda a obra:

> para o próprio artista a linha transversal de ação surge como um prolongamento direto das linhas que seguem as forças motrizes de sua vida psíquica, que tem sua origem na mente, na vontade e nos sentimentos. Se não existisse a linha transversal de ação, todas as unidades e os objetivos da obra, as circunstâncias propostas, a relação, a adaptação, os momentos de verdade e de fé ficariam inativos, separados entre eles, não teriam nenhuma possibilidade de reviver[21].

A linha transversal de ação percorre de um extremo a outro a obra. Não é criada por si só, mas por uma longa série de objetivos menores, e outros mais importantes, que cumprem o superobjetivo da obra e são absorvidos por este. Ela é considerada um poderoso estímulo para a criação subconsciente da natureza orgânica do ator, e o seu desenvolvimento depende da atração do superobjetivo, que deve ser usado pelo diretor e pelo ator como "uma estrela-guia".

21 *Pólnoie Sobránie Sotchinéni v 8 Tomakh, t.2*, p. 338.

O espetáculo, tendo a tarefa fundamental de transmitir todo o material espiritual que está na obra pela ação do ator, necessita de uma linha ininterrupta que ligue todas as ações realizadas pelos atores, que reúna todos os elementos, as diferentes partes e objetivos, num único fecho e os dirija para o objetivo geral, ou seja, o superobjetivo. Esse fio condutor, pelo qual o superobjetivo da obra vai se afirmando no processo do desenvolvimento do espetáculo, chamado de linha transversal de ação do espetáculo, deve congregar todas as ações, e dirigi-las para o seu fim. Ele é a trilha, o caminho no qual a ideia da obra é afirmada através da ação transversal, linha física e espiritual das personagens realizada pela ação dos atores, a qual reúne todos os fragmentos da obra, ou seja, seus acontecimentos. Para o correto entendimento dessa linha, Stanislávski dá a imagem de um fio de colar que une todas as suas contas.

Para o ator, em seu trabalho prático, não basta ter um superobjetivo instigante, é preciso saber concretizá-lo por meio da linha transversal de ação para poder chegar ao nível artístico desejado. Stanislávski adverte os atores que:

> Se vocês atuam sem a linha transversal de ação, significa que vocês não atuam na cena dentro das circunstâncias propostas e com o mágico "se", significa que vocês não incorporam a criação à natureza e ao subconsciente, não criam a "vida do espírito humano" do papel, como o exige o objetivo principal e o princípio de nossa orientação artística. Sem eles não existe sistema.[22]

A linha transversal de ação automaticamente dá origem à sua ação contrária, a linha transversal da contra-ação. Essa oposição, que se dá pela contra-ação, origina novas ações e promove a luta com seus objetivos correspondentes, que precisam ser solucionados

22 Ibidem, p. 339.

pelo ator, cenicamente. A luta estabelecida entre as duas linhas é o que leva à atividade, sendo a base da arte teatral.

No "sistema", Stanislávski[23] assenta que é a linha transversal de ação contrária que possibilita a geração do conflito entre as personagens movidas por objetivos opostos, e é graças a esses choques originados pela ação e reação que a obra possui propriedades cênicas.

1.3. Circunstâncias Propostas

Stanislávski fundamenta a análise da obra e a sua criação no preceito de Aleksandr Púchkin (1799-1837): "A sinceridade das paixões, sentimentos verossímeis em circunstâncias supostas: eis o que exige nosso espírito de autor dramático."[24] Na sua prática, ele afirmou a expressão "circunstâncias propostas", pois elas estão presentes na obra do autor, enquanto o diretor e o ator as aceitam como uma máxima para a criação – por isso elas são propostas.

Elas constituem um dos pilares básicos do "sistema". Stanislávski atribuiu-lhes grande valor, pois elas envolvem todo o processo da criação, desde nossa posição e constituição como artistas, a escolha da obra, a sua análise, até as condições da criação e a criação em si. Vejamos o que ele propõe que se entenda por circunstâncias propostas:

> A fábula da obra, seus fatos, acontecimentos, a época, o tempo e o lugar da ação, as condições de vida, nosso entendimento da obra como atores e diretores, aquilo que agregamos de nós mesmos, a *mise-en-scène*, o cenário, os trajes, os objetos, a iluminação, os ruídos, os sons e tudo o mais o que é proposto aos atores prestar atenção durante a sua criação.[25]

23 Ibidem, p. 345-346.
24 Ibidem, p. 61.
25 Ibidem, p. 62.

O autor, ao criar a obra, propõe as condições em que ela se desenvolve: a época, o país, o ambiente, o espaço onde as pessoas vivem, as relações e inter-relações, a disposição de ânimo das pessoas, a mentalidade, as ideias e os sentimentos, que se constituem na soma total das circunstâncias propostas na obra e nela geram os conflitos. Desvendar o conflito de uma obra é desvendar as circunstâncias propostas pelo autor.

A capacidade de determinação correta das circunstâncias propostas na análise da obra depende do nível intelectual, cultural e artístico do diretor e também do ator, em todos os aspectos do conhecimento humano e da vida.

Escolher quais circunstâncias são determinantes na estrutura e na composição da obra e quais constituem apenas obstáculos, ou seja, são circunstâncias secundárias, exige do diretor a capacidade de desmontar não só o mecanismo da obra, o seu esqueleto, mas o seu conteúdo intrínseco. Nesse trabalho, é preciso desvendar o que é causa e o que é efeito e quando este se transforma em causa, e vice-versa. Elucidar os acontecimentos da obra e encontrar a causa destes é descobrir as circunstâncias que lhe deram origem, é determinar o seu conflito e, consequentemente, a ação. As personagens se entrelaçam por objetivos opostos, que levam à luta, ao conflito. Quanto mais profundamente o diretor mergulhar nas circunstâncias da obra e compreender a época em que o autor situa suas personagens, mais irá se aproximar da medula da obra, portanto, do seu gênero.

Juntamente com o diretor, o ator dá vida àquilo que está entre linhas, àquilo que o autor escreveu, colocando os próprios pensamentos e estabelecendo sua relação com as personagens da obra e as condições em que vivem. O ator, além de assimilar e incorporar todo o material que recebe do autor e do diretor, acrescenta com sua experiência e imaginação novos dados, isto é, novas circunstâncias relativas ao passado, ao presente e até ao futuro da personagem.

Para o ator, são as circunstâncias envolvendo a personagem, toda a sua vida detalhada, a situação em que vive e viveu, tudo o que constitui o seu mundo interno e externo, comportamento, sentimentos, ideias, sonhos, tudo aquilo que forma a sua individualidade. Esse material proveniente das circunstâncias propostas na obra, mais os acréscimos do diretor, além das próprias contribuições, passam a ser parte espiritual e física do ator, e, como resultado final, ele alcança uma ação real, autêntica e produtiva, intimamente unida à trama da obra.

2. O Trabalho do Diretor no Processo de Conhecimento da Vida da Obra

O trabalho do diretor sobre a obra inicia-se desde a primeira leitura. O primeiro contato com a obra do autor constitui um verdadeiro talismã para a futura criação. Tovstonógov, fiel aos princípios de Stanislávski, recomenda uma atitude de isolamento e concentração nesse momento de conhecimento ou releitura da obra: "em nós, transcorrem complexos processos psicológicos e tudo isso se reflete no próprio trabalho criador e em nossa percepção de uma obra de arte, de forma que as circunstâncias em que se lê uma obra assumem particular importância"[26].

Após essa etapa, na fase inicial, sugere ainda que o diretor evite a chamada "primeira visão" para torná-la a origem da concepção, pois "ela não só pode ser banal, mas está sujeita ao primeiro impacto representativo e encontra-se no poder da estampa-clichê, porque a primeira visão encontra-se sempre na superfície"[27].

Ele estabelece uma diferença entre primeira visão e a primeira impressão, sendo que esta toca a nossa alma, está ligada ao sentimento, *pathos*, e a outra, a imagem visual, é nociva para a nossa imaginação. A primeira impressão é valiosa e deve ser guardada e registrada nos apontamentos do diretor, pois, além de ser fonte de estímulo

26 G.A. Tovstonógov, op. cit., v. 1, p. 180.
27 Ibidem, v. 1, p. 144.

permanente no processo de criação do espetáculo, pode ser conferida durante a montagem. É igualada a um termômetro, e, se a impressão se confirma no espetáculo, o diretor pode ter um parâmetro de seu acerto.

Stanislávski igualmente se referiu à importância da primeira impressão, mas essa foi interpretada por muitos de seus leitores como primeira visão, o que banalizou a primeira impressão e tornou-a prejudicial para a criação de uma obra de valor artístico.

Sulímov (1913-1944)[28] também se refere à importância desse primeiro conhecimento da obra, da inquietação que desperta em nossa alma, o que ele chama de *primeiro sentimento*. Esse está ligado aos nossos *pontos dolorosos*, nossos sofrimentos e alegrias, oriundos de nossa experiência de vida, os quais são munição para o nosso superobjetivo, humano e artístico. É nesse transparente e espontâneo primeiro sentimento que repousa e afirma-se *a força de nossa viva e ativa posição*, de nossos prós ou contras, dos quais surge a individualidade artística. É ele que dá a direção de nossa análise, constitui-se no propósito de nossa entrada no *labirinto da peça* e contém a saída para o superobjetivo do futuro espetáculo[29].

Não podemos esquecer o que Stanislávski preconizou para o ator no primeiro contato com o papel, em seu "sistema", válido igualmente para o diretor: "Posto que na linguagem do artista conhecer significa sentir, ele, diante do primeiro contato com a obra e o papel, dá rédea solta não somente à razão, mas também ao sentimento criativo."[30]

Stanislávski, como diretor e ator ao longo da sua vasta experiência na investigação do "sistema", sempre dedicou tempo prolongado ao encontro com determinado texto, para penetrar na psicologia das personagens através da análise de seu conteúdo, determinando o tema, o superobjetivo, a ideia, a linha transversal de ação, as circunstâncias propostas. No novo método, o da análise ativa, o trabalho de investigação sobre o texto e todos os elementos da análise utilizados antes da nova metodologia continuam em vigência. Só que, agora, não mais

28 Mar Vladimiróvitch Sulímov, professor no LGITMiK, diretor teatral e escritor.
29 M.V. Sulímov, *Regissior Naediné s Piéssoi*, p. 11.
30 *Pólnoie Sobránie Sotchinéni v 8 Tomakh, t. 4: Rabota Aktiora Nad Róliu*, p. 69.

como conceitos abstratos, intelectuais, mas como elementos concretos, precisos, que podem ser plasmados a partir da ação psicofísica do ator.

Os diretores pedagogos e estudiosos que continuam desenvolvendo o "sistema" de Stanislávski, na prática e na teoria, recomendam que, antes de estabelecer a concepção, o gênero, o estilo e a estrutura do texto, o diretor deve munir-se de vontade e disciplina, num esforço profundo para entrar no âmago da obra, na vida que nela lateja: sonhos, aspirações, desenganos, frustrações e traumas das pessoas que ali habitam.

Tovstonógov aconselha a não partir imediatamente para a fase analítica da estrutura da ação, mas desvendar a vida da peça, entrar no universo das personagens, situar-se no mundo delas, perscrutar desejos, alegrias, tristezas, conflitos, amores, ódios, relações e inter-relações. Esse processo de envolvimento com a vida da obra é concretizado com a chamada criação do romance da vida da obra, na qual o diretor completa todas as informações que estão ausentes do passado, do presente e até do futuro das personagens.

A concretização desse trabalho exige um esforço imenso do diretor, pois, além do entendimento coerente das personagens com aquilo que o autor fornece na obra, é necessário, para preencher seus vazios, uma grande imaginação. Considerada esta a principal força do diretor, que deve ser coerente com o cerne das personagens e do universo em que elas estão inseridas: cultural, artístico, econômico, político, histórico, costumes, mentalidade da época etc. O diretor tem que realizar um grande trabalho de preparação que ultrapasse a primeira visão, adquirindo "um enfoque imaginativo" do texto, próprio de um artista. "O objetivo de toda a arte consiste em recorrer não somente ao intelecto e aos sentimentos, mas à imaginação do espectador também. Despertar a imaginação do espectador e colocá-la a funcionar em uma nova e inesperada direção, que nunca teria surgido espontaneamente."[31]

31 G.A. Tovstonógov, op. cit., v. 1, p. 144.

A imaginação, quanto mais alimentada pela garimpagem no texto, mais fértil se torna, manifestando-se explosivamente. A futura ideia se fortalece e se concretiza cada vez mais, num processo ininterrupto de descoberta de camadas do subtexto, o que abre novos campos de visão em que as relações se multiplicam, expandindo, dessa forma, o universo da obra. O romance da vida obriga o diretor a entender os motivos dos atos e das ações das personagens, explicando cada mudança de ação e os ínfimos movimentos da alma. Penetrando através dos fatos, da fábula, que se dão na superfície ou no comportamento das personagens, pode-se decifrar a natureza interna do conflito.

Sulímov também fala dessa aproximação do diretor com a vida da obra, a qual permite, pela compenetração e aprofundamento no texto, que ele viva internamente as preocupações e as paixões das personagens, padeça com elas, para poder entendê-las e desvendar os seus segredos. Diz: "A essência da análise é o entrelaçamento de sentimento e reflexão, ligação do raciocínio e observação frios com coração quente."[32] As respostas às perguntas que surgem durante o processo de criação do romance da vida vêm do maior entendimento da vida das personagens.

O texto do autor tem que parecer a continuidade dessa criação do diretor, que resulta do seu envolvimento interno com a obra, participando da existência de seus habitantes, de suas relações uns com os outros. Só depois de compreender ativamente a verdade subjetiva das personagens, da qual nasce a lógica de seu comportamento, suas valorizações e apreciações, e de esclarecer as causas, o solo no qual nascem os conflitos, é que o diretor pode iniciar o desvendamento da estrutura da ação do texto.

É importante o diretor não estar no mesmo nível de conhecimento do texto que o ator, no primeiro ensaio coletivo. O diretor deve realizar um estudo detalhado da vida da obra, das personagens, para, só depois, determinar os acontecimentos, as circunstâncias

32 M.V. Sulímov, op. cit., p. 10-11.

propostas, a ideia, o tema, a linha transversal de ação, os objetivos etc. Sulímov chega a atribuir o insucesso de alguns espetáculos ao fato de o diretor chegar diante dos atores "com uma folha em branco"[33], ou seja, sem ter realizado a prolongada preparação exigida no processo de desvelamento da vida da obra, o estudo aprofundado de suas personagens.

Somente depois de o diretor ter realizado essa importante etapa do estudo do texto, o romance da vida, o qual possibilita ao diretor dialogar com o autor, explicando zonas obscuras da obra, e decifrar nos próprios acontecimentos a natureza interna dos motivos das personagens, pode passar para a análise da estrutura dessa obra, determinando, assim, os acontecimentos, as circunstâncias e os demais elementos que constituem tanto a ação quanto a composição. Esse procedimento do diretor de mergulhar profundamente na vida da obra a fim de captar a essência e a grandeza desta abre a perspectiva para a sua renovação artística, e da arte como um todo.

Sulímov atribui o procedimento leviano e superficial do conhecimento do texto ao mau entendimento do método de Stanislávski. Em uma carta enviada ao filho Igor C. Alekséiev (1894-1974), em 1935, Stanislávski declara uma nova saída prática para o seu "sistema". Achamos pertinente citar parte da referida correspondência, que diz respeito ao método:

> Agora, eu coloquei em andamento um novo método, uma nova aproximação para o papel. Ele consiste em que hoje a obra é lida, e amanhã ela já pode ser ensaiada na cena. O que é possível atuar? Muito! A personagem entra, cumprimenta, senta, anuncia algum acontecimento presenciado, manifesta uma série de ideias. Em cada momento, o ator age (*igraet*, joga) em seu nome, orientando-se pela própria experiência. E assim é abrangida a obra toda por episódios, com as ações físicas segmentadas. Quando isso for feito corretamente, sentindo a

33 Ibidem, p. 6.

> verdade e provocando a crença com relação ao que está acontecendo em cena – então se pode falar que a linha da vida do corpo humano foi criada. Isso não é pouco, não é ninharia, mas a metade do papel. Pode existir a linha física sem a espiritual? Não. Quer dizer que já se está indicando a linha interna da vivência. Eis aproximadamente o sentido das novas investigações.[34]

Esse novo procedimento diz respeito ao trabalho com os atores, e não ao vasto trabalho do diretor, sozinho com a peça. O método de análise da ação, o sentido de sua proposta, exige o domínio, a assimilação da obra pelo diretor, desde o início do trabalho com os atores. O objetivo essencial da cuidadosa análise da obra é o de o diretor poder aprofundar, com base nos fatos superficiais da fábula, a essência do comportamento oculto das personagens, ou seja: "revelar o seu verdadeiro sentido, a abertura do subtexto, os estímulos, impulsos internos, os motivos e os secretos movimentos da alma, os quais determinam subjetivamente a lógica e a verdade do comportamento humano"[35].

Polámichev (1923-2010)[36] entende que o diretor precisa ter consciência do papel fundamental da dramaturgia na determinação da ideia do espetáculo e reforça a opinião de Tovstonógov sobre a importância de o diretor confirmar a "primeira impressão" pelo caminho da análise da obra. Essa primeira impressão, em geral, "muda no decorrer da análise cuidadosa e minuciosa, e dela nasce o entusiasmo e a ideia da obra"[37].

Ao queimar essa importante etapa com a obra, o diretor reduz o espetáculo na própria montagem, ou na variação do tema da obra, na mera representação da fábula. Diz Tovstonógov: "Uma peça dramática que se constitui uma verdadeira obra de arte representa

34 *Pólnoie Sobránie Sotchinéni v 8 Tomakh, t. 8: Pís´ma 1918-1938*, carta n. 332, p. 422.
35 M.V. Sulímov, op. cit., p. 6.
36 Aleksandr Mihailovich Polámichev, professor, escritor e crítico de arte.
37 A.M. Polámichev, *Masterstvó Regissióra*, p. 53.

uma combinação complexa de ideias e ações, a música das palavras, ritmos e cores."[38]

O novo método criado por Stanislávski, e em desenvolvimento por seus seguidores, traz uma contribuição fundamental para a análise da obra, e seus princípios desempenham papel importante para a arte do diretor e do ator. Suas buscas e descobertas se deram essencialmente no sentido de resgatar o que há de vida por trás de um texto e de seus conceitos, revelando, assim, a ação que gera a palavra, para que possa ser vivenciada pelo ator.

Stanislávski debruçou-se sobre o problema da interpretação do texto dramático pelo ator, empenhado em chegar ao que dá origem à palavra, àquilo que vem antes dela, o transcorrer da própria vida, que é expressa pela ação, entendida esta como luta que manifesta o conflito. Segundo Tovstonógov, a essência do método, a sua tese principal, consiste em que a ação supõe uma confrontação ininterrupta, pois, diz ele, "não existe vida cênica sem conflito"[39].

Polámichev diz que:

> O revolucionário desse método, vivo, concreto, surge no momento em que o ator, juntamente com o diretor, realiza a análise da ação da peça no espaço cênico, e não pelo longo e demorado caminho do raciocínio, das discussões, sentados à mesa, como era o trabalho anterior, o velho método, o assim chamado "período de mesa".[40]

A análise ativa pode chegar ao âmago da ação do texto. Segundo Stanislávski, a própria palavra, quando expressa pelo ator, é ação que deve ser vivenciada pela ação psicofísica e pela visualização de imagens que remetem ao vivido e ao possível de ser vivido ou imaginado. O espetáculo, pela ação do ator, tem que revelar a estrutura interna do texto, o projeto secreto do autor.

38 G.A. Tovstonógov, op. cit., v. 1, p. 145.
39 Ibidem, p. 238.
40 A.M. Polámichev, op. cit., p. 13.

Essa nova visão do trabalho com o ator sobre a obra determinou também o procedimento da fase analítica realizada pelo diretor, pois ele utilizará uma metodologia concreta, fundamentada nos elementos da ação cênica, descobertos na prática. Os elementos que constituem a ação cênica são as chamadas - por Stanislávski - leis da natureza orgânica do homem em ação e são determinantes, como meios, ferramentas, para a criação do ator e também para o diretor, na análise da obra, em seu esforço de desvendar o projeto invisível do autor, a composição da obra, a estrutura da ação.

Os elementos da ação cênica constituem uma chave de leitura da obra, como as notas musicais o são para o músico ler a partitura. É uma espécie de gramática do ator e do diretor. O diretor, ao dominar os elementos do "sistema", possui a capacidade de ler a obra de acordo com os acontecimentos conflituosos. Dentro do "sistema", o acontecimento é determinante, pois ele agrega todos os demais elementos da ação e traz em si o conflito que se estabelece entre as personagens que dele participam.

Knebel, citando esse vasto caminho percorrido por Stanislávski, diz:

> Stanislávski buscou durante anos a chave e o segredo da análise da obra, e somente os encontrou nos últimos anos de sua vida. Para ele, a investigação da obra e do papel constitui-se em dois lados do mesmo processo. A exploração com a inteligência e a exploração com todo o aparato físico são duas partes inseparáveis de um único processo de conhecimento, ao qual chamamos de análise ativa da obra e do papel.[41]

Polámichev busca os fundamentos do novo método de Stanislávski, ligados ao problema da dramaturgia, nos princípios da teoria do drama, em Aristóteles, Hegel, Lessing, que são unânimes, sobretudo com relação à ação, e indaga se o método simplesmente se estabelece como um instrumento de ensaio. Para mostrar as

41 M. Knebel, *Poésia Pedagóguiki*, p. 297.

principais novas possibilidades que esse método revela para a análise da obra, busca o testemunho de V.B. Blók[42],que afirma que este "esclarece e explica o aparecimento de muita dramaturgia não explicável com a posição canônica da teoria do drama"[43].

A vasta teorização e a prática de Stanislávski são testemunhas do seu esforço constante para encontrar um caminho não repetitivo, no que diz respeito ao mundo artístico, de um autor em relação a outro. A importância do novo método se dá essencialmente por contemplar cada autor em sua especificidade artística. A essência da metodologia do novo tipo de análise estabelecido por Stanislávski consiste no processo de valorização dos fatos pela sua qualidade e significado: "'Estudar' significa, na nossa linguagem, não somente comprovar a existência, distinguir, indagar e compreender, mas também julgar e valorizar todo o acontecimento de acordo com sua qualidade e seu significado."[44]

Esse trabalho se realiza no plano de nossa imaginação ativa, pois, para conseguir determinar os acontecimentos na obra, faz-se necessário estudar atentamente todas as circunstâncias que os geraram. Estudar todos os motivos que levaram as personagens a agir desta ou daquela forma exige o conhecimento dos fatos acontecidos, para compreender e julgar quais fatos da obra são importantes ou secundários. Mas valorizar e determinar quais circunstâncias da obra e acontecimentos são determinantes ou episódicos para as personagens exige um julgamento pessoal. Sobre esse caráter subjetivo da valorização dos acontecimentos, Knebel esclarece que:

> A análise dos fatos da obra deve surgir como um processo no qual o artista verifica e comprova tudo o que lhe indica o subconsciente e a intuição. É necessário lembrar que, apesar de determinarmos os acontecimentos, os quais existem na obra como dados objetivos, ao selecioná-los, obrigatoria-

42 V.B. Blok, autor da obra *O Sistema de Stanislávski e Problemas Dramatúrgicos*, entre outras.
43 A. Polámichev, op. cit., p. 13, nota 20.
44 *Pólnoie Sobránie Sotchinéni v 8 Tomakh, t. 4*, p. 247.

> mente incluímos nesse processo um início subjetivo. [...] cada diretor inclui nesse processo aquilo que a ele interessa e lhe é valioso como artista.[45]

Essa subjetividade está na valorização de determinado acontecimento da obra, e é aí que reside a força da individualidade artística, pois já há um olhar diferenciado sobre o fenômeno, um ponto de vista próprio, que é inerente a qualquer criação.

Para Tovstonógov, o ponto de vista do autor em relação à sua obra está intimamente ligado ao gênero, e o que o determina é a eleição das circunstâncias, que sempre são diferentes em cada obra e autor. Trata-se da maneira como este vê a vida, em algumas de suas manifestações, e o motivo que o leva a expressá-la de tal forma. A diferença entre os autores se dá na seleção e organização das circunstâncias. Cada autor contempla o mundo sob determinado reflexo, e é a forma como o autor reflete o seu objeto que o torna único, diferente. O diretor, para poder descobrir a chave, o enfoque do autor, tem que colocar o espelho no ângulo do autor. Os autores podem "tratar do mesmo tema, mas a maneira de refleti-lo é diferente, são diferentes percepções e pensamentos refratados na obra pelo prisma do escritor"[46].

O diretor, por meio da criação do romance da vida, juntou um somatório de conhecimentos e entendimentos ausentes na obra, o que lhe permitiu conhecer e entender as personagens, a origem dos seus conflitos, o que fazem e quais as ligações que possuem com os acontecimentos da obra. Mas, apesar de já ter realizado o vasto trabalho de conhecimento da vida da obra, de suas personagens, e de ter penetrado nas suas verdades subjetivas, a análise da obra, para desvendar o que acontece nela e por que acontece, ainda não foi realizada. Isso se dá com a análise de sua estrutura, com a determinação dos seus acontecimentos.

45 M. Knebel, op. cit., p. 310.
46 G.A. Tovstonógov, op. cit., v. 1, p. 174.

A análise da obra por meio dos fatos e acontecimentos atinge a essência do método, pois possibilita a concretização da ação, que se dá mediante a determinação dos acontecimentos sequenciais. Os acontecimentos são o sustentáculo da ação e através deles, de forma sucessiva, vivenciamos tudo o que acontece na obra. O conhecimento da obra, possibilitado pelo processo de valorização dos fatos, transformados em acontecimentos pelo diretor, constitui a matéria da arte teatral. Segundo Sulímov: "A interpretação dos fatos, e a correspondente transformação deles em acontecimentos de maior ou menor significado, isso já é uma categoria da mobilidade, prerrogativa da direção, ela é 'leitura da direção'."[47]

Stanislávski aconselha realizar a análise por camadas, sendo que, na mais externa, encontram-se a fábula e os fatos da obra. Os fatos e acontecimentos podem possuir as próprias linhas, mas há um momento em que as diversas linhas da intriga se unem. As linhas da intriga são planos, camadas, da obra. Ele vincula o conceito de "fato" ao conceito de "episódio". O fato ou o episódio, a partir da valorização do diretor, é transformado em acontecimento cênico, no qual se estabelece a luta das personagens para alcançar seus objetivos. A análise do reconhecimento do fato se dá por meio da seleção das circunstâncias propostas pelo autor, e ela se realiza no segundo plano da obra, no qual se situa o conflito. O diretor deve selecionar as circunstâncias mais importantes que originam os acontecimentos e que entram em choque com estes.

> À medida que se analisam os acontecimentos exteriores, eles se chocam com as circunstâncias propostas da obra, que são as que originam os próprios fatos. Analisando-os, entendemos as causas internas que estão vinculadas a eles, e escavando assim, cada vez mais profundo, nos segredos da vida do espírito humano e do papel, aproximamo-nos do subtexto, chegando à corrente submersa da linha da obra, a qual nos ajuda e leva

47 M.V. Sulímov, op. cit., p. 27.

a entender as causas internas, que provocam, na superfície, ondas de ações, de atitudes e de comportamentos, dos quais, frequentemente, originam-se os fatos.[48]

O mestre entende que, nas obras de Anton Tchékhov (1860-1904), consideradas complexas, a fábula e os fatos não constituem o seu maior significado, pois são as relações que se convertem em núcleo e essência da obra, criando a linha condutora do espetáculo, enquanto os acontecimentos são necessários como suporte para originar o conteúdo interno, expressar o conflito das personagens. Quando o conteúdo e a forma guardam uma relação recíproca em que há ligação da ação interior com o conflito do acontecimento, com a linha exterior, a fábula, o espírito da personagem se torna inseparável do fato e da fábula. No processo de valorização dos fatos, pela sua análise, torna-se possível compreender as causas interiores vinculadas a eles.

É de conhecimento notório as incursões de Stanislávski, tanto como ator quanto como encenador, pelos inúmeros gêneros poéticos, que vão desde os clássicos até o teatro moderno, do naturalismo, realismo, simbolismo até o futurismo. Peter Szondi (1929-1971) [49], na obra *Teoria do Drama Moderno*, aponta as contradições internas entre a forma e o conteúdo existentes nessa dramaturgia, que considera problemática em relação ao drama absoluto, que está fundamentado na tríade: ação, diálogo e tempo presente. Constata a substituição de seus elementos constitutivos, em que o passado domina o lugar do presente, e o intersubjetivo dá lugar ao intrassubjetivo. Parte bem significativa dessa obra é dedicada à análise de autores com que Stanislávski também trabalhou, quer como diretor, quer como ator, que são: Henrik Ibsen (1828-1906), Maurice Maeterlink (1862-1949), Gerhart Hauptmann (1862-1946) e Tchékhov. Sobre este último, o crítico diz que: "Nos dramas de Tchékhov a vida ativa

48 *Pólnoie Sobránie Sotchinéni v 8 Tomakh, t. 4*, p. 247.
49 Crítico literário húngaro e professor da Universidade Livre de Berlim.

no presente cede à vida onírica na lembrança e na utopia. O fato torna-se acessório, e o diálogo, a forma de expressão intersubjetiva, converte-se em receptáculo de reflexões monológicas."[50]

Anatol Rosenfeld (1912-1973), analisando os autores referidos, destaca os elementos épicos que estão presentes desde a tragédia grega e indica as transformações que sofreram ao longo do processo histórico. Sobre as obras de Tchékhov, assim se refere:

> o diálogo passa a ter função sobretudo expressiva, ou seja, lírica (o que representa, na estrutura dramática, função retardante, épica). Debaixo da troca superficial de comunicações revelam-se estados emocionais, aquela "corrente submarina" de que fala Stanislávski. O diálogo é eivado de entrelinhas expressivas e passa a compor-se, em larga medida, de monólogos paralelos, cada personagem falando de si sem dirigir-se propriamente ao outro. É uma espécie de cantarolar que suspende a situação dialógica[51].

Apesar dos fatos nessas obras se apresentarem de forma tênue, Stanislávski fundamenta sua análise no acontecimento como base da ação, sendo que o processo de valorização dos fatos, no curso de seu desenvolvimento na obra, é inseparável da sua justificação, pois exige por parte do diretor a descoberta do motor que está escondido por baixo das relações das personagens. Ele recomenda que, no processo de valorização dos fatos e sua justificação para a composição da obra e, sobretudo, para as personagens que deles participam, use-se o procedimento de "remoção" ou "suspensão mental" do fato que está sendo julgado, e, então, procure-se compreender o que aconteceria com as personagens envolvidas no acontecimento sem a sua existência, e como isso teria influência "sobre a vida do espírito humano"[52].

50 P. Szondi, *Teoria do Drama Moderno (1880-1950)*, p. 91.
51 A. Rosenfeld, *O Teatro Épico*, p. 92.
52 *Pólnoie Sobránie Sotchinéni v 8 Tomakh, t. 4*, p. 247.

Esse recurso também ajuda a clarificar se se trata realmente de um acontecimento ou é apenas um obstáculo ou circunstância. É preciso construir as mais diversas questões, coerentes com o caráter dos protagonistas e com a história do autor, para verificar quais dos fatos operam mudança significativa no destino das personagens e qual deles determina que essa história seja contada pelo autor. "Isso nos obriga a uma comparação do passado com o futuro da obra, de tal forma que podemos ver a obra em movimento e adivinhar o seu desenvolvimento", declara Knebel[53].

A criação do romance da vida possibilita a visão da totalidade das personagens que compõem a obra, e isso certamente ajudará a realizar essas comparações de tempo necessárias para saber avaliar o grau de significação dos acontecimentos para as personagens.

O meio de determinar a importância do acontecimento na obra de acordo com a sua "remoção" foi também aconselhado por Aristóteles (384 – 322 a.C.), na *Poética*, quando se refere à necessidade do acontecimento para a unidade da obra. Aqui, Stanislávski não tem em vista a ação linear aristotélica, mas a coerência da linha de ação interna no projeto do espetáculo e do papel conforme a concepção do autor, dependendo de suas escolhas estéticas.

O acontecimento precisa ser imprescindível para a existência das personagens e, consequentemente, para a história. O conhecimento da estrutura da obra se dá por meio da valorização dos acontecimentos por necessidade, visando a coerência interna da obra em relação às personagens que dela participam. O fato deve ser fundamentado, ter sua base "na vida do espírito", incluindo-se na linha interior, no subtexto da personagem. Ele precisa ser necessário para o papel, a fim de que a vivência siga uma linha lógica e consequente. É um procedimento que exige um trabalho enorme e complexo, realizado com a razão, auxiliada pelos sentimentos e pela vontade criadora.

Trata-se de um trabalho concreto, ativo, da imaginação que o diretor tem que efetuar a partir das indicações da obra. Desse julgamento,

53 M.O. Knebel, *Poésia Pedagóguiki*, p. 319.

sob o ponto de vista humano e pessoal, de "forma autenticamente real", o fato é transformado em acontecimento, com base na individualidade artística, na concepção da vida, na cultura, na experiência e nos sentimentos do diretor. Stanislávski assim define a individualidade artística: "A individualidade cênica é, antes de tudo, a individualidade espiritual. É aquele ângulo de vista do artista em relação à criação, é aquele prisma artístico através do qual ele vê o mundo, as pessoas e a arte."[54]

Sulímov cita três fundamentos obrigatórios que constituem o caminho da análise:

> Nós sempre temos que colocar perguntas: o que aconteceu, o que mudou em relação àquilo que era. Esse é o primeiro fundamento. Ele existe por essência, determinando os acontecimentos sequenciais. [...] Segundo: nós devemos esforçar-nos para entender não somente aquilo que está em ligação com os acontecimentos das personagens [...], mas, necessariamente, procurar responder à pergunta "o que elas fazem", isto é, abrir caminho para seus comportamentos, para o entendimento de suas ações. E terceiro: esclarecimento da natureza do conflito, "drama é luta". B.L. Belinski determinou isso com total precisão: "O drama se dá quando uns pisam nos outros para alcançarem o topo." A luta determina o conflito: oposição de ideias, posições, objetivos, caracteres das personagens vigentes.[55]

Ao desvendar o fluxo da própria vida, o movimento dos acontecimentos da obra, o diretor está se aproximando da compreensão do superobjetivo, carregado pela linha transversal de ação ao longo do espetáculo. É necessário encontrar o caminho para o comportamento e para o entendimento das ações das personagens e entender o que elas fazem e por que fazem. A representação viva da existência

54 *Pólnoie Sobránie Sotchinéni v 8 Tomakh*, t. 5, p. 422.
55 M.V. Sulímov, op. cit., p. 16.

humana, com base nas ações das personagens, na sua psicologia, e nos seus sentimentos, é a essência do teatro.

Revelar a verdade da obra por intermédio da ação na qual assenta o drama do comportamento e dos atos das personagens é uma tarefa que só pode ser concretizada se o diretor for capaz de analisar todo o material da obra e reunir todas as informações dos sentimentos e do conhecimento em um único sistema – o do espetáculo.

> O sistema do espetáculo consiste no nascimento interligado e interordenado necessariamente com cada palavra para o conhecimento do objetivo artístico, expressando o superobjetivo do espetáculo. O sistema do espetáculo é a síntese da obra, que compreende o superobjetivo e o sistema de encarnação artística do autor e a composição do espetáculo do diretor.[56]

O sistema do espetáculo é o compromisso do diretor com o autor e com o conteúdo da obra. Para captar o conteúdo espiritual da obra, faz-se necessário determinar o seu núcleo, compreender o que aconteceu e o que mudou na vida das personagens e o que está em ligação com seus acontecimentos. Stanislávski afirma que: "O mais importante é que o artista seja capaz de captar os centros básicos da obra, os pontos nervosos, que a alimentam e a movem, estabelecendo-se o seu tom. O artista, reconhecendo-os, terá de imediato, em suas mãos, a chave que lhe permitirá compreender a criação do poeta."[57]

A tarefa do diretor, como ideólogo do espetáculo, de saber em nome de que está montando a obra, o que se propõe descobrir nela e quais os seus objetivos com esta o leva a atribuir a responsabilidade pessoal do papel ao ator, e torná-lo maximamente ativo, para que possa descobrir o mundo interno da personagem, o seu superobjetivo.

A realização do superobjetivo da obra obrigatoriamente tem que passar pela visão artística do diretor e do ator, na qual a subjetividade

56 Ibidem, p. 1-5.
57 *Pólnoie Sobránie Sotchinéni v 8 Tomakh*, t. 5, p. 462.

de ambos desempenha um papel significativo, que leva a uma compreensão pessoal e única da ideia da obra. Há uma ligação intrínseca entre o primeiro sentimento, a ideia e o superobjetivo.

Stanislávski, como homem de teatro, viveu e lutou incessantemente para poder estabelecer princípios e meios para um teatro espiritual, os quais pudessem garantir a possibilidade de expressar em cena "a vida do espírito humano", "a expressão da alma humana". O superobjetivo do espetáculo é o elemento que viabiliza o cumprimento dessa missão cultural e tem a função de influenciar o mundo espiritual do espectador, devendo levar a uma mudança em sua alma e, como consequência, no clima moral da sociedade. Seus estudos transcendem as leis que ditam procedimentos do fazer artístico, mas os seus princípios artísticos, impreterivelmente, trilham caminhos subjetivos, que são universais.

É fundamental o conhecimento da estrutura dramatúrgica da obra, pois isso possibilita ao diretor antever e intuir o superobjetivo e a ação transversal. A análise "racional" da obra fornece conhecimento profundo do texto, por meio da penetração na vida e nos acontecimentos da obra que levam à compreensão e apreensão de toda sua amplitude, da ideia principal que a sustenta, o superobjetivo. Apreender a totalidade do superobjetivo da obra significa apreender a concepção do autor. Ele contém a ideia e o tema da obra que são estabelecidos pelo diretor preliminarmente ao trabalho de experimentação com o ator.

A ideia da obra é aquilo que o autor quer expressar com ela, seus conceitos, sua visão de mundo, sua posição. O tema é sobre o que a obra fala, através dos fatos fundamentais da trama, e está ligado à fábula, à sequência objetiva dos fatos. Entendo que, para determinar o tema em sua complexidade, é necessário ligá-lo ao enredo, ao argumento (*siujet*, em russo), entendido como o conjunto de ações e de acontecimentos que se desenvolvem concretamente na obra.

O enredo contém a explicação e a valorização dos fatos pelo autor. É mais complexo e rico que a fábula, pois, além de ser mais detalhado, há a inter-relação das personagens com o fato e com a ideia do autor, o que lhe confere um caráter subjetivo, dado pela valorização dos fatos. O significado do tema muitas vezes está ligado ao nome da obra. Segundo Kokórin (1932)[58], para poder determinar tanto o tema quanto a ideia é necessário: "revelar as inter-relações das personagens, seus atos, caráter, esclarecer o que elas querem, o que ambicionam, a sua perspectiva, para onde vão, aonde querem chegar, por que e com quem se conflituam"[59].

Como já foi explicitado, o método de análise ativa tem como instrumento o método das ações físicas e a estrutura da obra é revelada por meio da análise da ação. Ele surge como um método de trabalho que coloca o ator em atividade desde o início, em contato direto na resolução de acontecimentos como fundamento da ação através de seu corpo, mente e emoção na descoberta da ação coerente. Esse procedimento obriga o ator a ser autor de suas ações, um criador, dramaturgo das ações, pois o texto do autor deve originar-se das próprias ações do ator condicionadas pela seleção dos acontecimentos e circunstâncias propostas na obra. Foi só após essa experimentação prática com o ator que passou a ser também um método de análise da ação do texto pelo diretor. O método de análise ativa recebeu esse nome de Maria Knebel.

3. Análise Ativa da Estrutura da Obra

O modelo de análise aqui explicitado, conforme foi adquirido e assimilado por mim na Escola de Direção de Tovstonógov e de Maestria do Ator de Kátzman, foi aplicado no meu trabalho prático, pedagógico e artístico. Tovstonógov elaborou – a partir dos

58 Anatolii Konstantinovitch Kokórin, diretor teatral, pedagogo e escritor.
59 A.K. Kokórin, *Vam Priviet ot Stanislávskovo*, p. 42.

princípios do método ativo de análise descoberto por Stanislávski – um procedimento dialético que vai do geral para o particular, e deste para o singular, e vice-versa. O modelo de análise criado por Tovstonógov possibilita uma constante verificação entre as partes e o todo, ou seja, os acontecimentos da obra eleitos pelo diretor para a criação do ator que compõem o espetáculo podem ser averiguados em sua lógica e coerência ao longo da criação. O método possui uma metodologia bastante sistematizada que segue uma visão dialética entre as partes e o todo. A primeira fase da análise constitui-se do conhecimento da obra e do papel, que se dá pelo desvelamento da ação e da seleção de acontecimentos pelo diretor. A tarefa do diretor é decifrar o sistema da obra do autor através da análise da ação.

Na etapa inicial da análise da estrutura da obra, é aconselhável que o diretor parta primeiramente para a descoberta dos seus acontecimentos principais, a fim de que possa ter a totalidade desta, partindo do geral para o particular, e para o singular. Esse procedimento é recomendado por Stanislávski, o de não esmiuçar os acontecimentos no início da análise, mas de perceber a obra em sua totalidade por seus principais acontecimentos. A estrutura da obra em acontecimentos é o principal sustentáculo do método de análise ativa, sendo que os acontecimentos possuem caráter objetivo e subjetivo.

O chamado universo da obra, o seu plano geral, universal, engloba toda a obra e é também chamado de grande círculo. Este constitui o universo no qual a história vai ser contada. No grande círculo, detectamos e evidenciamos, em primeiro plano, o acontecimento inicial e o acontecimento principal, que pode coincidir ou não com o acontecimento final, para se estabelecerem como marcos, por sua "estabilidade". Tudo o que ocorrer entre esses dois pontos é aquilo que poderíamos chamar de história, na qual o tema se desenvolve. O universo em que a história está inserida, marcado desde o seu início, pode ser constituído de um ou mais acontecimentos, dependendo de cada autor, da especificidade artística da obra em questão e de seu projeto composicional.

Saber determinar o universo da obra, o solo no qual ela vai germinar e se desenvolver, é de importância fundamental, pois é nele que as personagens tecem a sua vida. Do entendimento multifacetado desse universo, em seus aspectos sociais, econômicos, políticos, filosóficos, culturais e existenciais, depende em grande parte a complexidade da história. Tal universo deve ser concretizado cenicamente, no espetáculo, pela construção dos acontecimentos que o compõem ou do acontecimento inicial. Ele é o trilho onde a vida da obra passa a transcorrer, no qual as personagens lutam, desejam, odeiam, amam etc.

Dentro do método, a determinação do acontecimento inicial, e do principal, ajuda na percepção da totalidade e dá orientação à análise. São cinco os grandes acontecimentos, considerados essenciais no universo da obra, que devem ser identificados para que dela se possa ter uma visão geral: o acontecimento inicial, que nos situa o contexto no qual vai eclodir o problema, em que surge a principal circunstância proposta; o acontecimento fundamental, determinado pela principal circunstância proposta que deslancha a história; o tema, em que inicia a linha transversal da ação, que carrega e une em um único fio todas as ações dos acontecimentos sequenciais que compõem a história; o acontecimento central, que deve constituir o ápice do conflito, o clímax; o acontecimento final, que abrange ou não a solução do conflito, que coincide ou não com o acontecimento principal, no qual se revela a visão do diretor sobre a ideia do autor, graças à qual este escreveu a obra, consciente ou inconscientemente, junto com o superobjetivo do diretor.

Do acontecimento inicial emerge a principal circunstância proposta, e através dela acontece a transgressão da ordem e a quebra da "estabilidade" do mundo existente, gerando o acontecimento fundamental, a partir do qual a história, também chamada fábula, passa a transcorrer e dá início à linha transversal de ação. Por meio dos acontecimentos sequenciais, o movimento da linha da ação transversal prolonga-se até o fim do acontecimento central, para onde todas as forças convergem, determinando o clímax da história.

Só depois de detectar-se a ideia geral da obra, no que tange à sua estrutura básica, pode-se dar prosseguimento ao trabalho analítico de cada acontecimento singular. Entre os acontecimentos inicial e final devem ser desvendados todos os acontecimentos sequenciais, que constituem a história propriamente dita, o enredo, juntamente com as circunstâncias que lhes dão origem e todos os elementos da ação que fazem parte de cada acontecimento singular.

Ao determinar sua estrutura básica, o diretor já tem condições de vislumbrar o tema e a ideia da obra, mas é aconselhável não os formular ainda. A análise detalhada de cada acontecimento exige do diretor a seleção exata da circunstância única que o determina, a qual dá origem ao acontecimento e, consequentemente, gera o conflito entre todas as personagens que dele participam.

Em cada acontecimento, além de ser determinada a circunstância que lhe deu origem, deve ser desvendado o seu objetivo para a história no projeto de composição do autor, as personagens que dele participam, seus objetivos e obstáculos. A circunstância e o acontecimento devem abarcar todas as personagens que estão envolvidas no conflito naquele determinado momento.

O universo inicial, como observado, é composto por acontecimentos que expõem a ordem vigente – social, econômica, filosófica, cultural, existencial – em que as personagens estão inseridas. Ele é o somatório de todas as circunstâncias que o determinam, mas o nomeamos pela circunstância mais significativa que o caracteriza, ou seja, a mais ampla, que subordina todas as demais. Cada autor, na criação de sua obra, dispõe do número de fatos que julga necessários para expor o universo onde as personagens estão situadas, antes de iniciar o verdadeiro problema que enseja a história. O universo inicial dado pelo autor, com sua complexidade, é expresso pelas ações das personagens envolvidas nesses acontecimentos.

Se tomarmos o exemplo de *Romeu e Julieta*, Shakespeare nos fornece uma exposição bastante ampla, antes de iniciar a história, ou seja, antes dos protagonistas se conhecerem e se apaixonarem. São, no mínimo, cinco os acontecimentos que fazem parte desse universo expositivo, os quais nos situam no mundo das personagens, sob os seus aspectos sociais, econômicos, políticos, existenciais e pessoais etc.

O primeiro acontecimento do universo "estável" inicia com a briga das gangues adversárias, representantes das famílias rivais, Montecchio e Capuleto, na praça pública. Instantaneamente, percebe-se a existência de um mundo em desavença, o que culmina com o aparecimento da autoridade, que promete punir os responsáveis pela desordem. Nesse encontro, detecta-se, além do sistema vigente, representado pela autoridade do príncipe, o domínio da cidade pelas duas famílias rivais. Essas, apesar de suas reputações terem sido abaladas pelo escândalo, têm suas atenções, naquele momento, voltadas para os filhos.

Em seguida, ocorre um acontecimento cujo foco é Romeu, único rebento da família Montecchio totalmente alheio aos interesses e desavenças entre as duas famílias. Nele, é desvendado o caráter romântico de Romeu. A seguir, é apresentado o mundo de Julieta, também filha única, inocente, ingênua, submissa à vontade dos pais, sem ter a mínima ideia do que seja o amor.

Na sequência, ocorre outro acontecimento: o pai de Julieta, num ato demonstrativo de que não há abalo social, organiza uma festa, e aproveita para comprometer sua inocente e ingênua filha com o abastado pretendente Páris. Dentro de todo o quadro, aparecem outros aspectos reveladores do caráter elevado de Romeu, típico do papel de herói. Junto com seus amigos, numa atitude audaciosa, característica da juventude, penetra mascarado na festa do inimigo. Shakespeare nos expõe esse universo caracterizando não somente o contexto social, político, econômico, existencial, mas também revelando sua simpatia para com os heróis da futura história, o que cria no receptor uma empatia por eles. Esse quadro denso transcorre antes de iniciar o problema, ou seja, o real conflito da peça, o surgimento do tema do amor, que se dá no interior do acontecimento "Festa".

Chama-se a atenção para o ponto de que o primeiro acontecimento desse universo, o confronto na praça, é potencializado, no acontecimento "Festa", pela desconfiança de invasão e presença dos supostos inimigos. Aqui, no interior do acontecimento "Festa", o problema eclode, com o surgimento da principal circunstância proposta, a atração amorosa entre Romeu e Julieta.

Nesse momento, o acontecimento "Festa" passa a ser pano de fundo de outro acontecimento, que se estabelece em primeiro plano, denominado por nós acontecimento fundamental, consequência da principal circunstância proposta, no qual se realiza a magia hipnótica entre o jovem casal, causada pela força do surgimento do amor. A esse acontecimento fundamental, consequência do aparecimento da principal circunstância proposta, chamaríamos de "Encantamento Amoroso". Ele entra em confronto com o mundo dado, em que domina a guerra entre as duas poderosas famílias, determinando que a partir dali se desenvolva toda a luta dos protagonistas para concretizar o seu amor dentro desse solo hostil.

Para termos certeza do ponto em que começa a história, aplicamos o procedimento de "suspensão" do acontecimento, recomendado por Stanislávski, a fim de saber se ele é determinante para o nascimento da história, se ele envolve todas as personagens e se o que vai transcorrer se estabelece como antagônico ao mundo existente, como contra-ação da linha transversal de ação que está nascendo.

A valorização de acontecimentos que fazem parte do universo inicial da obra depende da concepção do diretor, mas esse núcleo de acontecimentos traz um forte contraste com o que irá suceder na história, pois ele se estabelece como contra-ação da linha transversal de ação, que se põe em marcha no momento no qual entra a principal circunstância proposta, em que inicia a história, o tema. O conflito principal, que vai percorrer toda a história, origina-se das forças antagônicas que se estabelecem desde o momento em que surge a principal circunstância proposta, a qual se opõe ao mundo existente, ou seja, o surgimento do amor entre jovens pertencentes a famílias rivais. A luta detonada pela principal circunstância proposta só tem seu término quando todas as forças antagônicas se conjugam e se resolvem, o que acontece por meio do processo interno do acontecimento central até a sua finalização.

No caso de *Romeu e Julieta*, essa luta cessa com a morte dos dois amantes. Romeu, que havia casado secretamente com Julieta, após a morte de Teobaldo é obrigado a fugir, e durante a fuga é informado da morte de sua amada. A circunstância que dá origem ao acontecimento central – ou seja, "A Morte dos Dois Amantes" – é o não recebimento da carta do padre Lourenço, na qual Romeu é advertido da falsa morte de Julieta.

Romeu toma conhecimento da morte de Julieta e, por ignorar a carta do padre Lourenço, realmente acredita em sua morte. Chegando ao jazigo da família antes de Julieta acordar, decide morrer junto com ela, pois a vida não tem mais sentido para ele, sem o amor. Julieta, por sua vez, ao acordar, vendo Romeu morto, também se mata.

Os dois provam um ao outro o seu amor incondicional, desafiando as leis dominantes das quais os pais são representantes, com a renúncia à própria vida. Concretizam o seu amor no plano transcendente, já que nessa existência isso lhes foi negado pela mentalidade obscura das intrigas familiares. A tragédia é a história da morte em nome do amor, quando esse vence a própria morte.

A partir do final trágico há a volta ao mundo inicial, ou seja, ao universo que se estabeleceu como contra-ação, só que transformado pela tragédia, com a nova ordem, representada pelo acontecimento final, que coincide, nesse caso, com o acontecimento principal, em que as famílias se reconciliam. A paz é conquistada como resultado da luta dos dois jovens pela realização do amor. O final leva à universalização da ideia do amor, pois por sua força é que a paz foi alcançada, e também mostra os altos sacrifícios de duas vidas em desenvolvimento, inocentes, puras e cheias de ideais, destruídas pela intolerância e vontade de domínio daqueles que as geraram.

Percebe-se que, diante da tragédia, as famílias Capuleto e Montecchio, tomadas pela dor da perda de seus únicos herdeiros, tomam consciência da própria destruição.

No filme de Franco Zefirelli (1923) o acontecimento principal deixa em dúvida essa possibilidade de paz duradoura, o que é captado pelos olhares entre os dois progenitores. Nesse final, concretiza-se a concepção de mundo do diretor e o que ele quis dizer com o espetáculo, ou filme. O acontecimento principal é também o último, no qual abre-se o cerne da obra, esclarecendo a sua ideia e o superobjetivo do espetáculo. Nele, resolve-se o destino da circunstância inicial, fica-se sabendo o que aconteceu com as personagens, se mudou algo ou ficou tudo igual. No filme referido, surge a dúvida se se trata de uma trégua entre os inimigos ou se realmente houve um reconhecimento verdadeiro na paz decretada entre as famílias rivais.

No exemplo dado, Romeu e Julieta lutam pela concretização do seu amor, apesar de todos os obstáculos, sob as mais adversas circunstâncias impostas. Tudo o que fazem está em volta deste superobjetivo, que é carregado pela linha transversal de ação, a qual se impõe através das ações conflituosas realizadas em cada acontecimento. A história contada tem como fundo o universo inicial, ou seja, a rivalidade das famílias, que está presente em seu desenrolar, e se constitui no maior motivo dos choques e obstáculos existentes na realização do amor dos dois jovens.

O tema em desenvolvimento – o amor – tem em oposição o universo inicial – a rivalidade, ou seja, a guerra – que se estabelece como contra-ação, e entra em conflito, constantemente, com o superobjetivo e a linha transversal de ação dos protagonistas. A presença do contexto – um mundo de intolerância e rivalidade – no transcorrer da história como pano de fundo da luta é a causa para que haja essa luta, que se evidencia, em primeiro plano, sobretudo, nos acontecimentos iniciais e no acontecimento final, seja esse transformado ou não. Neste acontecimento final, também chamado por nós de principal, o sentido da história é revelado. Nele, o autor coloca a sua ideia, e o diretor concretiza o que ele quis dizer ao longo do processo do espetáculo. Não é demais lembrar que o acontecimento final pode ou não coincidir com o acontecimento principal.

O universo inicial estabelecido pode ser representado por uma única personagem, ou por um grupo que entra em choque com outro, quebrando-se a estabilidade e dando origem à história, que pode não necessariamente fazer parte da obra de forma explícita, mas presumido por esta. Para determinar a principal circunstância que ocorre no universo inicial, a qual dará origem ao acontecimento fundamental que inicia o conflito da obra, é necessário fazer perguntas sobre sua importância e o acontecimento por ela gerado na vida das personagens envolvidas. Se sem o acontecimento a história igualmente se desenrolaria, ele não pode ser considerado o acontecimento gerado pela principal circunstância proposta. Aqui, trata-se da aplicação do princípio de "suspensão" do acontecimento, recomendado por Stanislávski, e dos fundamentos citados por Sulímov.

Em muitas obras, o título está relacionado com o desenvolvimento do tema, ligado à fábula que se inicia com o estabelecimento da principal circunstância proposta. As circunstâncias são os fatos que aconteceram ou acontecem e que podem ser convertidos em acontecimentos e vice-versa. Nem toda circunstância que aparece no interior do acontecimento dá origem a outro acontecimento, podendo ser considerado um obstáculo, pois não muda a ação principal do acontecimento, mas se coloca apenas como um impedimento para a sua realização, injetando-lhe mais tensão.

Todo acontecimento é um efeito produzido por uma causa, ou seja, uma circunstância gerada por um acontecimento, e que se transformou em causa de outro acontecimento. Na análise sequencial dos acontecimentos, há um processo ininterrupto de causas e efeitos, sendo necessário que o diretor faça uma seleção cuidadosa, mediante valorizações, para determinar o que é acontecimento e o que é circunstância, os quais estão intimamente relacionados.

A concretização de um acontecimento se dá através de um processo de transformação, sendo precedida por sinais, que vão do mais baixo até o mais alto, isso é, do menos significativo ao mais significativo. Há uma evolução qualitativa de reconhecimentos por avaliações dos fatos que geram mudanças no comportamento das personagens, o que dá outra direção à ação, surgindo outra circunstância, que gera outro acontecimento.

De acordo com Sulímov, a valorização por meio dos sinais "é um processo psicológico de compreensão do ocorrido, tendo como ponto de partida a própria espontaneidade, quase instintiva, o sentimento sobre a impressão do fato"[60].

Com o surgimento de uma nova circunstância, que dá origem a outro acontecimento, inicia-se um novo processo de luta para vencer, em dado momento, os novos obstáculos que impedem a realização do objetivo imediato e, consequentemente, do superobjetivo. De acontecimento em acontecimento, com a superação dos obstáculos que aparecem, as personagens lutam contra as circunstâncias propostas para alcançar o superobjetivo, realizando a linha transversal de ação.

A história está contida dentro do grande círculo; o médio círculo, que faz parte da categoria do particular, inicia-se como a principal circunstância proposta e se realiza desde o acontecimento fundamental até a conclusão do acontecimento central para o final. Fazem parte do médio círculo todos os acontecimentos singulares e sequenciais, necessários para contar a história, desde o fundamental até o central, situando-se entre o acontecimento inicial e o acontecimento final. O médio círculo é constituído de pequenos círculos, que representam os acontecimentos sequenciais, mediante os quais a história está sendo contada. Nesse sentido, o acontecimento, como categoria do singular, encontra-se situado dentro do pequeno círculo da história, que é representada como concretização de uma totalidade, que chamamos de médio círculo. Se, no plano geral da obra, temos os acontecimentos essenciais, designados por inicial, fundamental, central, final e principal, no pequeno círculo, no acontecimento singular, essa estrutura do grande círculo se reflete em seu núcleo, como unidade intrínseca.

Na análise da ação da obra, esse critério ajuda a detectar os elementos que fazem parte de cada acontecimento singular, os quais, na prática, devem ser concretizados pela ação do ator por meio do processo de valorização desses elementos, ou seja, das unidades que formam as etapas dramáticas do acontecimento, da ação dramática, que possui os momentos inicial, fundamental, central, final e principal.

60 M.V. Sulímov, op. cit., p. 22.

Esta forma de desvelar o acontecimento e identificar os momentos de evolução e tensão da ação, que traz à tona o conflito, através do processo de luta entre as circunstâncias propostas e o objetivo que é almejado, é muito importante na prática cênica, não só por evitar a ilustração, mas por imprimir dinâmica e tensão no processo de desenvolvimento da ação, pelas suas valorizações, mudanças e superações. Há uma evolução qualitativa da luta até chegar ao máximo da tensão para uma transformação final, sendo que os sinais impulsionam esse desvelamento da ação até o final. No processo de luta, ocorrem o reconhecimento, as valorizações e a junção, por parte do ator, dos sinais revelados que levam a tensão ao ápice, ocorrendo uma mudança quando uma nova circunstância se instala, e determina um novo acontecimento. A valorização é um elemento muito importante do "sistema", é o processo de passagem de transição de um acontecimento para outro. Na valorização, morre um acontecimento e nasce outro. A mudança de acontecimento se dá pela valorização dos sinais, na qual se estabelece o surgimento de nova relação. Assim, ocorre a mudança do objeto de atenção, o ajuntamento de sinais do mais baixo ao mais alto, sendo que do estabelecimento do sinal mais importante surge a nova relação e, com isso, estabelece-se novo objetivo, nova ação, mudança de ritmo e inicia-se um novo ciclo de acontecimentos.

Aristóteles chama de *peripécias* os elementos existentes na dramaturgia que, com o seu surgimento, concorrem para a revelação da causa, da qual resultam o reconhecimento e as mudanças.

Stanislávski estabeleceu que esses elementos fossem exteriorizados fisicamente pelo ator, por meio da segmentação da ação, como células da partitura para a ação do papel; as micromudanças causadas pela entrada de novas circunstâncias, que se constituem em obstáculos e revelam os sinais, dando um novo sentido ao desenrolar da ação. Eugênio Barba (1936)[61] também identifica esses elementos de transformação existentes no material textual, e os toma como um paradigma

61 Eugênio Barba, diretor e pesquisador teatral italiano, fundador do Odin Theatre e da International School of Theatre Anthropology.

para a dramaturgia do ator, que através de *peripécias* e mudanças contínuas, compõe o desenvolvimento da situação dramática:

> Os saltos do pensamento podem ser definidos como peripécias ou mutabilidade. "Peripécia" é uma trama de acontecimentos que faz desenvolver uma ação por um caminho imprevisto ou faz concluí-la de modo oposto ao que começou. A peripécia atua por meio da negação: isto é o que se sabe desde o tempo de Aristóteles.[62]

Ocorre, nesse processo de luta, um nascer, crescer e morrer do acontecimento que envolve concretamente o desvelar de todos os elementos da ação, mediante os choques entre as personagens, que devem ser concretizados pela ação psicofísica do ator, e que impregnam o acontecimento de uma qualidade específica em sua forma de expressão, com ritmo e atmosfera próprios.

O ritmo é um elemento do "sistema" da psicotécnica do ator, constitui-se da correlação com o objetivo e as circunstâncias propostas do pequeno círculo. O ritmo, no comportamento humano, é um grau intensivo da ação, uma luta ativa com as circunstâncias propostas no processo de alcançar o objetivo. O ritmo do acontecimento é determinado pelo ritmo da ação das pessoas participantes do acontecimento e de sua correlação. Quando muda a circunstância que dá origem a outro acontecimento, há mudança de ritmo. O ritmo muda no processo de valorização, após ser estabelecido o mais elevado sinal, que leva à transformação e ao surgimento de outro acontecimento. A mudança de ritmo é uma lei da vida do ser humano. A arte teatral se dá no espaço e no tempo, então se entende que o ritmo é parte integrante do tempo, da velocidade da ação, ou seja, a intensidade (ritmo) e a velocidade (tempo) estão interligadas. Sua correlação é um importante procedimento para a expressão do ator na resolução do acontecimento cênico.

62 E. Barba; N. Savarese, *A Arte Secreta do Ator*, p. 56.

4. Da Análise à Criação

O sistema é, antes de tudo, prática artística.
Esse é um trabalho prático sobre o papel;
é a organização sobre os ensaios
no trabalho prático artístico.
É a sistematização envolvendo
o processo de trabalho de toda a
natureza artística do ator.

M.N. KÉDROV, *Ensaios e Discursos*

Nessa parte, pretende-se relacionar, de forma sintética, a teoria sobre o "sistema" com a realização da prática, resgatando seus elementos fundamentais, que possibilitam o processo de criação pelo diretor e pelo ator, por meio do método da análise ativa.

Para poder criar pelo método, há a exigência de um ator que seja capaz de improvisar todos os acontecimentos sequenciais da obra e os tangenciais ao texto, que constituem o romance da vida das personagens, como também estar sempre presente de forma orgânica, em permanente estado de improvisação, no aqui e no agora, em cada apresentação do espetáculo, com adaptações renovadas.

A técnica da improvisação exige um grau elevado de disponibilidade, uma flexibilidade mental e física para a criação de partituras de ações físicas concretas e coerentes com a situação e com as circunstâncias da obra. O ator, para corresponder a essas exigências, deve passar por um nível elevado de formação e investigação sobre si mesmo. Necessita se submeter a uma formação corporal e mental continuada, que envolva todos os elementos necessários para a obtenção da ação orgânica. Esses elementos integram as investigações de Stanislávski que precederam o método das ações físicas, mas que estão incorporados e articulados ativamente na criação desse novo método, como poderemos observar na *Tradução dos*

Estenogramas das Aulas-Ensaios Sobre o Papel de Hamlet, de Stanislávski, constante neste estudo.

Considera-se que a capacidade para a improvisação deve ser inerente ao ator, pelo menos em embrião, e pode ser desenvolvida e dominada com o treino constante da imaginação criativa, o desenvolvimento da intuição, o aperfeiçoamento das habilidades e a capacidade de criar em si mesmo o estado geral do improviso, que leva ao entusiasmo e ao jogo que contagia todo o coletivo.

Os atores, para poderem passar pelo processo de criação através do método da análise ativa, devem ter a formação adequada dentro do método das ações físicas, que exige o conhecimento das leis objetivas da criação, ou seja, o domínio de seus elementos, para poderem gerar a ação orgânica. Essa se vincula ao processo da relação conflituosa entre as personagens nas circunstâncias propostas e tem como meio de investigação a improvisação de *études*, sendo esse meio um dos fundamentos do método de criação, pois possibilita ao ator gerar a ideia da obra pela sua capacidade de existir nas circunstâncias propostas, experimentando a verdade organicamente e não por especulações teóricas. Assim, o ator age em próprio nome, com seu corpo físico e psíquico, e origina o texto do papel com as próprias palavras.

O método de análise ativa contempla uma importante condição de assimilação do processo unitário de exploração da mente e do corpo, garantindo a passagem orgânica da análise para a criação. Depois que o diretor desvenda o segredo do material – a estrutura da obra e do papel, em que decifra o sistema do autor pela seleção de acontecimentos e das circunstâncias que geram tais acontecimentos –, começa então a trabalhar com o ator, que realiza, no espaço cênico, a investigação da ação, dada por improvisações dos *études*. Nesse momento, o conhecimento de análise da obra realizado intelectualmente se une com a prática pelo domínio, do diretor e do ator, do método das ações físicas, que possibilita criar uma cadeia de ações, a qual faz explodir o conflito, revela a ideia, explica e aprofunda a inter-relação das personagens. O método das ações físicas conduz a expressão da ideia através da ação do acontecimento originado pelo *étude*, pelo qual o ator obtém a consciência do processo completo vivo na cena. Ele é a criação a partir de um fragmento de vida da obra, de personagens ou de qualquer material em que o ator se inspira.

O *étude* constitui o fundamento metodológico na investigação da ação de qualquer processo criativo, como recurso de ensaios no trabalho sobre o papel, como também meio de trabalho do ator sobre si mesmo, em que podem ser exercitados todos os elementos do "sistema". Nele, estão contidos todos os mais importantes ensinamentos de Stanislávski. Na essência, o *étude* está ligado a todas as etapas da formação do ator e do diretor. Seu principal objetivo, além de investigar a ação, é desvelar o caráter da personagem e expressar o tema e o seu conteúdo.

O *étude* é um pequeno pedaço de vida cênica. Constitui uma das microestruturas do espetáculo, um pequeno núcleo da criação, também chamado de pequeno círculo, que é o acontecimento. Essa microestrutura é similar à macroestrutura da análise da obra, que possui o procedimento de desestruturação, ou seja, de decifração partindo dos cinco grandes acontecimentos: inicial, fundamental, central, final e principal. No trabalho sobre os *études*, o ator treina a capacidade e a habilidade para tornar o acontecimento ativo, eficaz e coerente. O ator deve entrar no acontecimento e torná-lo seu, encontrar-se nele, na sua essência interna, próximo à própria alma. Esse procedimento desenvolve a personalidade artística do ator e o leva a descobrir a si mesmo no papel e este em si mesmo, tornando-o livre e autônomo para improvisações na criação de *études*.

Stanislávski considerava a improvisação o meio fundamental na criação de *études*, pois o mestre dava ênfase ao estudo do próprio processo da vivência e da investigação da ação, como uma experiência coletiva, por meio desse potente recurso. A improvisação como meio se constitui um dos fundamentos do método de criação. Stanislávski, em seu último laboratório, intensificou o trabalho com os *études*, tornando-os o principal instrumento para o ator adquirir a psicotécnica, como também para a criação. Ele nunca fez demarcação entre a psicotécnica e o trabalho sobre a criação, considerando importante, em sua pedagogia, que a formação e a criação transcorressem juntas em harmonia, concomitantemente, daí advém o chamado diretor pedagogo.

O romance da vida das personagens também pode ser criado na prática, por meio da realização de improvisações de *études* de acontecimentos tangenciais ao texto. Esse procedimento, além de preparar a imaginação do ator para o trabalho, expande-a e alarga-a para atingir a totalidade da obra e do papel. Um trabalho criativo que se situa no âmbito da inteligência e da intuição e que abre a esfera da imaginação. Na primeira etapa, a análise ativa orienta o raciocínio, e, na segunda, ajuda a acordar a intuição, mas, para isso, o ator deve estar livre e disponível para abrir o caminho no processo da improvisação artística do *étude*. Este, além de investigar a ação, a relação entre os *partners*, trabalha a imaginação do ator, familiariza-o e aproxima-o do acontecimento e do papel, o que o leva a encontrar o caminho para a lógica e a coerência de sua existência cênica. O romance da vida, além de alimentar a imaginação, alargando-a, é comparável a um filme, a uma narrativa. O romance da vida ajuda a definir as circunstâncias propostas do grande e do médio círculo, do acontecimento inicial e do principal, como também ajuda a entender o conflito. A improvisação, no "sistema", aparece como um dos fundamentos da criação; e, para que como método de trabalho ela tenha êxito, Tovstonógov afirma que: "depende de a capacidade do diretor completar três difíceis tarefas no processo de ensaios: construir os acontecimentos sequenciais da obra; realizar o conflito em cada um dos seus acontecimentos; e manter todo o elenco de intérpretes em estado de prontidão para a improvisação"[63].

Durante o trabalho sobre o *étude* é importante a educação do sentido do humor. O sentido do humor instiga a capacidade do ator e do diretor ao pensamento associativo e à tendência para o

63 G.A. Tovstonógov, Zametki o Teatral'noi Improvizatssii, *TEATR*, n. 4, p. 136.

enriquecimento de diferentes confrontações e comparações. Essas qualidades devem ser exercitadas constante e ininterruptamente, tanto no ator quanto no diretor, quer durante a formação e/ou na criação. O humor, na verdade, é inesperado: o artista deve necessariamente quebrar os padrões, os clichês do pensamento, pois a arte conhece a vida na lógica, em conformidade com a lei do inesperado, da surpresa, do arrebatamento.

Para seguir o método na criação do papel e do espetáculo, diz-nos o mestre: "saber é pouco, temos que saber fazer". Isto significa que é necessário tempo, paixão e empenho permanentes. É preciso estar completamente comprometido com a investigação sobre si mesmo e com o aprimoramento técnico-artístico, pois o aperfeiçoamento humano e a psicotécnica são complementares.

Pode-se dizer que a universalidade do "sistema" se depreende de seus princípios, que tratam da criação da arte teatral como um organismo vivo, em constante processo de produção pelo ator, como células vivas, orgânicas, articuladas pelo diretor. A metodologia de Stanislávski não perde o seu significado, mesmo diante de outra estética totalmente diferente. O "sistema" não determina estilos ou fórmulas, e quem dele se aproximar com essa concepção o destruirá. Se, por um lado, pode-se afirmar que o método de análise ativa é eficaz para a criação a partir de qualquer material textual e que, por meio dele, é possível produzir um espetáculo bem articulado e criativo, por outro, deve-se advertir que os procedimentos podem ser repetidos, mas os processos são únicos e necessitam ser sempre construídos de novo. O caminho deve ser sempre aberto, não pela memória mecânica, mas pelo processo orgânico, como se fosse pela primeira vez. Stanislávski nos conta, em suas lições:

> Conseguir obter a verdade na cena é muito difícil. Em cada novo papel, o ator deve aprender novamente a andar, falar e saudar. [...] Na cena, precisa voltar a estudar tudo, abrir o caminho. [...] Para simplesmente sentar, na cena, estar no

> estado "eu existo", é necessário todo o sistema, é necessário o superobjetivo e a linha transversal de ação.[64]

O que permanece de cada nova criação é a experiência e, com ela, o aperfeiçoamento artístico e humano, o instrumento mais burilado e desenvolvido, a sensibilidade e a intuição mais afloradas. Contudo, é necessário, toda vez, saber tocar o complexo instrumento de forma única; mas tocar, e não imitar o que já foi feito. Para o ator poder fazer soar o próprio instrumento, precisa ter um grande domínio de habilidades, possuir a capacidade para fazer soar, em uníssimo, as três grandes vertentes: o corpo, a mente e os sentimentos. Tudo isso para saber tocar a música dos sentimentos, a "grande música", o que exige descobrir novas nuanças jamais imaginadas, mergulhar em águas desconhecidas e encontrar o prazer da descoberta nessa imersão, trazendo à tona as recompensas e as alegrias nos corações dos espectadores, pela revelação dos segredos encontrados e compartilhados durante essa viagem ao desconhecido. Tal é a grande arte que Stanislávski almejava que soasse sempre de forma única, viva, potente, e que chegasse ao espectador e o arrebatasse por completo.

Citemos novamente Stanislávski:

> Todo o nosso sistema existe para que, com a técnica consciente, possa provocar a arte subconsciente e obrigue a nossa natureza a agir, mas a natureza – a melhor artista. Todos os elementos do sistema devem conduzir a criação da verdade interna do estado geral da arte. Nós aprendemos a procurar nas obras o superobjetivo e a conduzir a linha transversal de ação. Aquilo que agora nós estudamos – os assim chamados elementos do sistema – é a décima parte do sistema, isso é ainda o sistema com letras minúsculas. Para que se assimile, domine, os restantes nove décimos do sistema, o sistema com letras maiúsculas, é necessário aprender a conduzir a criação

64 *Stanislávski Repetíruet*, p. 444.

subconsciente. Tudo é para isso. O sistema com letras minúsculas é imprescindível para o sistema com letras maiúsculas. Nos elementos, existem iscas. Cada isca pode conduzir até a verossimilhança dos sentimentos e das paixões. A verossimilhança dos sentimentos – isto é, até o limiar do inconsciente, mas a autenticidade das paixões acontece após o limiar.[65]

65 Ibidem, p. 443.

Os Elementos do "Sistema" Para a Formação do Ator Criativo

A ação psicofísica para o ator é comparável à nota da partitura da obra para o músico. Mas o verdadeiro músico, não aquele que consegue reproduzir corretamente nos sons as notas da partitura, mas aquele que, na execução de sua obra musical, pode entregar sua alma, fundir com ela toda a sua essência. Tal pessoa nós chamamos artista-mestre.

M.N. KÉDROV, *Ensaios e discursos*

Konstantin Stanislávski, ao dar início a sua atividade pedagógica nos *estúdios*, foi imbuído pela forte necessidade de investigação prática dos processos artísticos, de experimentar e explorar os princípios criativos do ator, renovar o "sistema" e compartilhar com os jovens atores e diretores suas descobertas, suas experiências como artista, seu conhecimento e suas realizações. Essa necessidade está registrada na obra *Lições de "Direção" de Stanislávski*, de Nicolai M. Gortchákov (1898-1958), quando confessa estar preocupado com a educação dos novos atores e diretores que futuramente irão assumir o lugar que hoje ele ocupa entre outros artistas famosos.

Isso justifica, diz ele, por que se prolonga tanto em discutir os princípios gerais do trabalho do ator e do diretor, além da curiosidade de conhecer e saber quem são e como serão esses jovens que vão ocupar lugar de destaque na vida teatral russa[1]. Seus ensinamentos estão plenos do desejo de contribuir e transmitir, de forma prática, o que ele havia aprendido com o seu extenso trabalho de investigação sobre si, as suas descobertas para a evolução e o aperfeiçoamento artístico dos que se dedicam a arte teatral.

Na introdução sobre os estenogramas do Estúdio de Ópera e Arte Dramática existentes na obra que organizou, Vinográdskaia (1920-2006) afirma que:

> Stanislávski foi discípulo obstinado na busca de realizar na vida e na prática do teatro suas descobertas na esfera do ator criador. Ele queimava de desejo em deixar para as futuras gerações encontrarem o caminho orgânico para a transformação do ator em personagem, mas o processo artístico para ele não se aliava ao raciocínio frio e ao pedantismo. A educação artística da juventude não se coaduna com a ausência de talento e sensibilidade artística do pedagogo.[2]

Os seus conceitos sobre a arte teatral constituem a soma de toda uma vida dedicada a essa arte, quer como ator, diretor ou pedagogo[3].

1 S. Jimenez (org.), *El Evangelio de Stanislávski*, p. 115.

2 *Stanislávski Repetíruet*, p. 440.

3 Apesar de Stanislávski ter-se ocupado com pesquisas científicas em obras de cunho psicológico e fisiológico existentes na época, no que concerne ao processo criador ele adverte, no prólogo de seu livro *Rabota Aktiora Nad Soboi*, sobre o objetivo deste e o caráter da terminologia nele aplicada. Citamos as suas palavras: "Este livro, como todos os que o seguirão, não possui pretensões científicas, seus objetivos são exclusivamente práticos. Eles procuram transmitir aquilo que me ensinou a longa experiência que tive como ator, diretor e pedagogo. A terminologia que eu utilizo neste livro não foi inventada por mim, mas foi tomada da prática, dos próprios estudantes e atores iniciantes. Eles, no seu trabalho, determinaram com designações verbais as próprias impressões artísticas. Sua terminologia é valiosa, porque ela é próxima e compreendida pelos principiantes. Não intentem procurar nela raízes científicas. Nós temos nosso vocabulário, nossa gíria teatral, a qual foi elaborada pela própria vida. É verdade, nós usamos também termos científicos, como 'subconsciente', 'intuição', porém não os utilizamos em seu significado filosófico, mas no mais simples sentido ►

Ele parte do princípio de que todo ser humano possui em si as faculdades da criação, sendo que a tarefa do mestre consiste em despertar o entusiasmo para a análise da natureza dessas faculdades. Afirma que o "sistema" não foi inventado, mas tomado da vida, das observações pessoais sobre a natureza das faculdades da criação que atuam no teatro, e está destinado aos que estão dispostos a dar um amor ilimitado a essa arte e se dedicar às qualidades do espírito e do coração. O "sistema" se dedica ao estudo da natureza das faculdades e dos sentimentos inerentes ao homem.

Apesar de Stanislávski afirmar a arte como uma forma de expressão individual e de conceber que as faculdades da criação que cada homem carrega dentro de si seguem um desenvolvimento pessoal, fundamenta seu "sistema" nos problemas de natureza geral que podem ser aplicados igualmente a todos os artistas criadores, os quais neles podem buscar a natureza das faculdades criativas que carregam dentro de si. Para ele, a arte está contida no próprio ser do indivíduo, e o caminho para ela só é possível ser aberto através de si mesmo. Isso leva à necessidade de um trabalho prático constante sobre si para o desenvolvimento das faculdades e qualidades internas e dos movimentos do corpo que correspondem a tais faculdades. O trabalho sobre os elementos do "sistema" objetiva a perfeição e procura encontrar e descobrir a natureza dessas faculdades por intermédio de meios para purificá-las e desenvolvê-las, a fim de que o ator encontre a beleza e a perfeição, desenvolvendo uma metodologia que contemple a individualidade artística.

O desenvolvimento interior e exterior, ou seja, espiritual e técnico, é adquirido com base nos novos princípios da arte da criação. Eles levam à organicidade, à naturalidade na atuação e a sentimentos e pensamentos autênticos, repletos de beleza. O talento é o resultado do desenvolvimento pleno das forças humanas contidas no ator e no

▷ da vida cotidiana. Não é culpa nossa que a esfera da criação cênica tenha sido negligenciada pela ciência, que ela não tenha sido investigada e que não nos deram palavras necessárias para a atividade prática. Tivemos que sair de nossa situação, assim falando, com nossos meios caseiros" (*Pólnoie Sobránie Sotchinéni v 8 Tomakh*, t. 2, p. 5-6).

seu amor desinteressado e puro pela arte, de empenho, dedicação e constante treinamento de seu aparato psicofísico.

O trabalho de metamorfose do ator exige anos de dedicação a exercícios físicos e espirituais, disciplina e mudança de hábitos, levando-o a criar em si uma segunda natureza: uma natureza de ordem física, espiritual e emocional. O "sistema", em seus princípios e fundamentos, ensina o ator a fundir a ação física com a psíquica, criando uma completa harmonia do físico e do psíquico. Ele revela as riquezas ocultas que o ator abriga em seu interior para que possa compreender a natureza do sentimento da criação, mediante ação física e psicológica precisa e correta.

Stanislávski deixa muito claro em seus ensinamentos que, em arte, "saber é saber fazer", e seu "sistema" mostra como buscar o melhor caminho para conseguir a natureza do sentimento criativo, através de seus elementos externos e internos, para poder atingir a verdadeira arte, que é alcançada pelo novo ator autônomo e criativo. Fabrizio Cruciani (1941-1992)[4], ao falar das críticas que atribuem a Stanislávski o abandono do teatro calcado na palavra - no qual o ator tinha a função maior de "ilustrar" o texto -, contrapondo-o ao teatro do corpo, esclarece que:

> Pela ação do ator ser mais 'interior' e 'psicológica' - como normalmente se pensa em relação a Stanislávski - ou mais 'física' e projetada para o 'externo', não era essa a questão essencial. Essencial era a revolução que estava sendo operada no palco cênico: não era mais o ator a serviço do texto escrito, mas o texto escrito a serviço do ator.[5]

Dos inúmeros estúdios que Stanislávski manteve destinados à investigação e à experimentação do "sistema", além do de 1905,

4 Foi professor nas universidades de Bologna e de Lecce, em Problemas de Historiografia do Espetáculo e História do Teatro e do Espetáculo, e membro do *staff* científico do Ista, com pesquisas e publicações sobre o teatro renascentista e a reforma teatral do Novecentos, o teatro criativo de Stanislávski, entre outros temas.

5 F. Cruciani, *Registi pedagoghi e comunità teatrale nel Novecento*, p. 117.

dirigido por Meierhold, uns ligados ao TAM, outros independentes, foi possível reunir um conhecimento sistematizado que se compõe de formulações teóricas e de um arsenal de exercícios para a prática, os quais permitem dar conta da complexa formação do novo ator, proporcionando uma educação espiritual e técnica. Essa sistematização foi desenvolvida por meio dos chamados elementos do "sistema", nos quais está contida a chave do ator criativo para se entregar totalmente a desenvolver em si mesmo as qualidades artísticas essenciais inerentes à arte teatral. Esses elementos são considerados uma espécie de gramática da arte do ator, abrindo e desenvolvendo o seu talento, e têm valor universal, pois suas bases fundam-se na natureza humana, por isso o mestre os chamou de leis da natureza orgânica do homem em ação.

Citamos Camilo Scandolara sobre a importância dos estúdios no desenvolvimento do "sistema", através da prática dos exercícios:

> os estúdios foram, por excelência, os locais de surgimento e desenvolvimento dos exercícios. São, portanto, fundamentais para compreendermos o surgimento de uma nova dimensão do trabalho do ator, que, sem dúvida, revolucionou também a maneira de se pensar o fazer teatral. O sentido do ofício, aquilo que permite a alguém se intitular ator, passa a não mais residir, pelo menos não mais somente, na apresentação de espetáculos públicos. Afirma-se pela primeira vez de maneira explícita a necessidade de uma prática de exercícios como base para o trabalho criativo do ator. E principalmente, este espaço do exercício, do trabalho cotidiano, passa a ser visto como o espaço de construção da identidade profissional e artística do ator. Esse novo enfoque teve profunda influência sobre o desenvolvimento da prática e da teoria teatral do século XX[6].

6 C. Scandolara, *Os Estúdios do Teatro de Arte de Moscou e a Formação Pedagógica Teatral no Século XX*, p. 162. Camilo Scandolara, ator, diretor e professor do Curso de Artes Cênicas da Universidade Estadual de Londrina.

Stanislávski se ressentia pelo fato de o teatro ser a única arte que não possuía um instrumental teórico-prático sistematizado para desenvolver as qualidades artísticas daquele que queria se dedicar à arte teatral. O ator só podia contar com sua boa vontade, sua intuição, sua inspiração e seu talento. O músico e o pintor possuíam um conjunto de princípios e exercícios que faziam parte da alfabetização nessas áreas. Tal inquietação levou Stanislávski a buscar fundamentos sólidos em que o ator pudesse se apoiar, além de sua natureza espontânea e criativa. Foi essencialmente pela observação pertinaz de si mesmo e dos grandes artistas, além da observação da natureza humana e da vida, que Stanislávski construiu o seu "sistema", que tem como base o domínio dos elementos da ação cênica. Por meio de intenso estudo sobre si e do treinamento constante dos elementos, quer trazer à tona a verdadeira inspiração, proporcionada pela total atenção e concentração no trabalho. O desenvolvimento individual das faculdades humanas universais é possibilitado pelo treinamento de seu "sistema", que permite ao ator dirigir sua imaginação de forma controlada e guiá-la exclusivamente para a criação. Stanislávski propunha uma liberação do "eu" criativo do ator de todas as amarras da vida cotidiana, do "eu" egoísta, do orgulho, da vaidade, que o colocam em constante luta com si próprio.

Estabeleceu que, sem uma férrea disciplina sobre si mesmo, seria impossível ao ator iniciar na nova arte de atuar. Essa disciplina começa pelo domínio dos elementos do "sistema". Além dos já abordados no Capítulo I – superobjetivo, linha transversal de ação e circunstâncias propostas –, apresento a seguir os demais elementos do "sistema", que considero essenciais para a formação do ator criativo: concentração, imaginação, o "se" mágico, fé e sentido da verdade, relação, adaptação, liberdade muscular e tempo-ritmo.

1. Concentração

O elemento concentração é fundamental e necessário para a criação. Ele envolve a observação, a percepção, a imaginação, a memória e a vontade. O desenvolvimento da faculdade de observação e percepção deve tornar a mente flexível e aberta, capaz de concentração absoluta que possibilite o domínio consciente e voluntário da atenção, levando o ator a concentrar todo o seu aparato psicofísico ativamente numa única direção, no objeto escolhido. A ação de concentrar a atenção num objeto aguça a capacidade de percepção e de observação, levando-a à essência das coisas. Obriga a atenção a penetrar profundamente no objeto observado, a avaliá-lo e captar a sua essência. Com um esforço de vontade, o ator deve encontrar na vida, pela observação, o essencial, o característico, deve captar tudo o que ocorre ao seu redor e eleger aquilo que é mais significativo, interessante e típico. A observação da vida e de si inclui um vasto trabalho sobre os cinco sentidos, os quais, segundo Stanislávski, liberam o sexto sentido, a intuição e a inspiração. O ator deve adquirir o hábito de dirigir sua atenção a todas as manifestações da vida, desenvolver a faculdade consciente de observação de tudo o que ocorre dentro e fora dele. Essa observação não pode ser superficial, o ator deve descobrir no objeto observado algo ainda não percebido, os detalhes, aprofundando assim todas as peculiaridades únicas do objeto em questão, sob os aspectos da textura, cheiro, forma, cor, movimento, ritmo etc.

A esfera da atenção exige uma dedicação intensa, tempo para habituar-se a olhar, ver, escutar, ouvir e conseguir "relatar" de forma viva o que foi percebido. O ator deve procurar distinguir pelo rosto, pelo olhar, pelo timbre da voz o estado de ânimo do interlocutor e, para isso, precisa de fato olhar e escutar ativamente a complexidade da vida. Ter uma aguda atenção ajuda a captar as características mais sutis, imperceptíveis, da vida e das pessoas. Stanislávski refere-se às dificuldades de compreender a essência da vida do ser humano por sua característica invisível, mas propõe a utilização dos recursos de observação das expressões da face, da mímica, das atitudes, dos olhos, da voz, da fala, dos movimentos do corpo, que ajudam a apreender a vida interior, a descobrir o mundo interior do ser humano. Por meio de atitudes, ideias, impulsos e ações determinadas pelas circunstâncias da vida, o ator deve fazer o possível para captar as características do espírito das pessoas que são objeto de observação.

Stanislávski aconselha a buscar, nas coisas e no ser humano, o seu lado positivo e negativo, o belo e o feio, e aprender a distingui-los, gravar as impressões do observado com a mente e com o coração, com os sentimentos. O espírito observador do artista deve penetrar em tudo o que ocorre na realidade ao seu redor: nos ambientes, nos objetos animados e inanimados que despertam a atenção, a curiosidade, a imaginação, e provocam a emoção, impulsionando-o a formular perguntas, investigar, adivinhar e observar. Os objetos são sinais que levam a suposições, a conjunturas da imaginação agregadas a eles, aguçando, assim, o interesse por eles. A observação realizada com interesse gera uma atenção dirigida e concentrada com clareza, precisão e agudeza, enriquecida pela imaginação.

O aspecto prático da função da atenção artística consiste em o ator observar tudo o que ocorre em cena, concentrar-se com todo o seu ser no objeto de atenção e observá-lo com agudeza. A concentração é o primeiro alicerce, o germe da criação. Para o ator, a observação da vida sob todos os seus aspectos e a apreensão das impressões obtidas nela, pela comunicação direta com o que é visto, ouvido e percebido, constituem elementos e material necessários que passam a ser fonte de inspiração para a criação de imagens cênicas vivas. Esse material sensitivo-emocional é valioso para dar forma à "vida do espírito humano do papel", objetivo principal da arte teatral.

O "sistema" propõe, através de exercícios, trabalhar exaustivamente a disciplina do pensamento para o desenvolvimento da concentração cênica. Na concentração da atenção, estabelece-se uma condição, um estado, que leva a uma ação interior ativa do pensamento. Stanislávski[7] destaca o caráter ativo da atenção cênica, que se revela por meio dos *círculos de atenção*. É uma atividade voluntária do pensamento possibilitada pela concentração da atenção em um único objeto ou ideia, dentro do inquebrantável *círculo de atenção*. Este obriga o ator a se colocar totalmente imerso, com toda a sua capacidade afetiva, intelectual e física, na ação interna e externa que está realizando cenicamente. A obtenção desse estado orgânico de criação é possibilitada pelo desenvolvimento da concentração, por essa capacidade de dirigi-la exclusivamente, sem esforço, para o *círculo de atenção* – exigindo o comprometimento total do ser do ator, de forma precisa e eficaz –, no qual permanece em solidão pública, para o cumprimento da tarefa que lhe é solicitada.

Para isso, o ator deve fazer todo o possível para desenvolver e controlar sua atenção e poder centrá-la, conforme sua vontade, sobre certo objeto interno ou externo, e então entrará no círculo de solidão pública sem esforço. O círculo de solidão pública exige toda a concentração da atenção dos pensamentos voltados para dentro do *círculo de atenção*, advindo daí o seu poder e força de atração sobre o público. Stanislávski esclarece para os atores que: "É pública porque o público está com vocês e é solidão porque vocês estão separados do público pelo pequeno círculo de atenção que criaram."[8]

O chamado *círculo de atenção* é um espaço traçado pela visão do ator no qual podem haver muitos objetos, pontos ou focos. Sobre eles, o ator pode dirigir a sua atenção, dentro do limite estabelecido do círculo. Os círculos de atenção se tornam relativos conforme a ação que se desenvolve no espaço. Stanislávski determinou que a extensão dos espaços internos e externos do círculo de atenção fossem definidos como pequeno, médio e grande círculo.

O *pequeno círculo* é um espaço íntimo do ator, onde se realizam ações próximas, de caráter complexo e singular, seja com o objeto do

7 *Pólnoie Sobránie Sotchinéni v 8 Tomakh*, t. 2, p. 108-118.
8 Ibidem, p. 109.

espaço, consigo mesmo, com o pensamento ou com o *partner*. Pela sua característica espacial condensada, ele permite ao ator experimentar em cena, diante do público, o isolamento de tudo aquilo que está fora do limite determinado pelo pequeno círculo.

O *médio círculo* amplia a extensão da área de visibilidade da atenção e pertence ao particular, ou seja, abarca o espaço da atuação do jogo cênico, onde estão contidos os pequenos círculos de atenção com seus objetos de atenção.

No *grande círculo*, a linha do círculo imaginário traçada é ampliada, possui caráter universal. É o lugar das grandes ideias, memórias, reflexões, que se realizam pela visualização das imagens do pensamento que o ator projeta externamente. Esses limites dependem de convenções dadas pelo diretor, pelo texto e pelo próprio imaginário do ator, ao estabelecer e relativizar os espaços em que atua e os objetos cênicos concretos ou imaginários de sua atenção em determinado momento.

Stanislávski propõe que, quando o ator percebe que a sua concentração está se diluindo, e para evitar uma atuação geral, ele deve voltar ao círculo menor possível de ser abarcado pela sua atenção visual, mantendo a atenção dentro dos limites da linha fixada. "Se te perderes em um círculo grande, refugia-te imediatamente em um pequeno."[9]

Esse recurso de transição de um círculo a outro, ampliando o espaço da visão do pequeno para o grande e vice-versa, exige do ator controle absoluto na condução de sua atenção, para que ele possa obter fluência na passagem de um círculo de atenção para outro. Com a capacidade de transitar nos círculos de atenção, de atrair e governar a atenção com a ajuda de um objeto de atenção, o ator passa a atuar concretamente de forma eficaz e orgânica em cada momento de sua presença cênica. Com a aquisição do hábito mecânico e inconsciente de fluir pelo pequeno, médio e grande círculo, sem debilitar a atenção, a solidão pública se torna uma necessidade natural.

O olhar dirigido à plateia é determinado pelas circunstâncias propostas do papel, quer essas advenham do texto ou de indicações

9 Ibidem, p. 116.

da direção, quer da invenção do ator, e é possibilitado pela ampliação do círculo de atenção. O ator deve compreender o significado do espaço para o ângulo da visão em cena e, com o domínio da técnica, aprender a colocar um objeto concreto ou imaginário no lugar exato, determinado pela vontade, e fixar nele a atenção.

Os objetos de atenção podem ser exteriores ou interiores, podendo advir de um objeto externo ou de uma imagem que provoca outras sensações, como o gosto, o cheiro, o som, que se produzem internamente. O objeto da vida imaginária chega indiretamente através de um objeto auxiliar, externo, que é aquilo que acontece com os cinco sentidos. A atenção se dirige para determinado lugar e daí surgem representações visuais, que originam uma sensação interior. O material da atenção interior provém da imensidão de impressões de toda a nossa vida real, que existem e permanecem em nossa memória sensitiva, corporal, afetiva e intelectual, e, sobretudo, da vida imaginária, possível de existência real ou não. Os objetos da vida imaginária são instáveis e frágeis, por isso exigem uma atenção muito exercitada para que se tornem acessíveis e concretos.

Para conseguir a estabilidade do objeto na atenção interior, o procedimento técnico deve ser o mesmo que para a atenção exterior, isto é, valer-se dos objetos de atenção dentro dos círculos de atenção, pequenos, médios, grandes, móveis e imóveis. Para o desenvolvimento da ação interior, é necessário o treino mental com os mesmos exercícios da atenção exterior. Somente com o adestramento interno prolongado e sistemático da atenção, exterior e interior, o ator consegue uma concentração produtiva, aguda, estável e poderosa. A importância da atenção interior é fundamental para o processo de criação, pois este se realiza no plano da ficção, pelas circunstâncias propostas, por meio da imaginação, e somente é acessível à atenção interior.

No trabalho diário e consciente, há a exigência de uma disciplina que requer força de vontade, firmeza e domínio de si mesmo. Stanislávski[10] diz que, em arte, a atenção e os objetos devem ser

10 Ibidem, p. 117.

estáveis, por isso a criação exige a concentração de todo o organismo do ator, e afirma que o que atrai a atenção em cena não é o objeto em si, mas aquilo que a imaginação forjou. Com a ajuda das circunstâncias propostas, o objeto toma novo significado e se torna atraente, transformando-se em estímulo para a criação, pois pela observação detalhada e concentrada o objeto excita a imaginação. Ao orientar a atenção sobre determinado objeto, surgem ideias relativas a ele que instigam a imaginação, e isso desperta o desejo de atuar.

Os princípios da ação exigem a aceitação do objeto, a crença nele, que resulta na relação com este, e então inicia-se a transformação do objeto. A aceitação do objeto, a crença, é o "se" que exige uma resposta humana, estabelece um objetivo, que gera uma ação e leva a uma nova relação. O surgimento da pergunta "o que fazer?", diante do objeto, torna-o mais importante, sedutor e hipnótico. Pela presença ativa da imaginação o objeto se transforma, e cria-se, assim, uma reação interior afetiva, produzindo uma atividade criativa com o objeto. A atenção está sempre ligada à percepção, ao trabalho do pensamento e da vontade sobre a imaginação, que gera a necessidade de uma atitude de interesse diante do objeto. Franco Ruffini (1939) aponta como mais um paradoxo do teatro de Stanislávski essa ajuda da atenção para excitar a imaginação: "Se para um objeto real se trata de prestar atenção a cada detalhe, para um objeto real da ficção se trata de criar os detalhes, mediante a atenção que se dá a eles."[11]

Em cena, no momento da atuação no papel, o ator necessita de uma ação centrada e alerta, pois há a exigência de ter vários objetos de atenção simultânea, que são os procedimentos técnicos, a relação com o *partner*, com os objetos cênicos e com o espectador. Stanislávski diz que isso é possível porque a "atenção do ser humano" foi formada por múltiplos planos que não se interferem[12].

11 F. Ruffini, *Stanislavskij: Dal lavoro dell'attore al lavoro su di sé*, p. 48.
12 K. Stanislávski, op. cit., t. 2, p. 123.

O controle eficaz do ator para poder manter fixa a atenção no principal objeto de atenção, exigido no momento da atuação – e, ao mesmo tempo, para conservar as "antenas" de seu aparato sensitivo e perceptivo alertas a todas as circunstâncias existentes, no aqui e no agora, do jogo cênico – só é conquistado pelo trabalho incessante sobre si. Esse trabalho leva ao adestramento, ao condicionamento e à condução da atenção conforme a vontade, pois aquilo que é habitual torna-se automático. É a aquisição de uma segunda natureza que se revela pela precisão na ação, exigência do "sistema" de Stanislávski.

Por isso, o desenvolvimento de uma atenção ininterrupta e indivisível constitui a base fundamental dos recursos técnicos e das faculdades internas, espirituais, para aquele que quer se tornar ator. Essa capacidade, adquirida através de exercícios práticos, possibilita ao ator dimensionar o seu talento artístico, levando-o a utilizá-lo como meio de expressão.

O domínio da arte da concentração e o seu constante desenvolvimento levam o ator a discernir o que é essencial na natureza das coisas e das pessoas, a obter o máximo controle sobre seu corpo e sua mente e, consequentemente, a conquistar um aperfeiçoamento na sua percepção do mundo, na sua sensibilidade, e uma alteração qualitativa em sua consciência. Portanto, há uma elevação como artista e como ser humano, pois não há separação entre sua atitude no teatro e na vida: elas se coadunam.

Para essa finalidade, os meios metodológicos de ajuda a serem aplicados devem transcorrer dentro de uma atmosfera de entusiasmo, alegria, interesse e profunda serenidade, possibilitando que a atenção se converta no principal estímulo na vida do ator e na sua criação, que, a cada momento, exige novas adaptações.

2. Imaginação

A imaginação e a concentração são elementos considerados por Stanislávski essenciais no processo de criação, pois são imprescindíveis para o fazer artístico e a própria arte não existe sem ambas. O artista, consciente ou inconscientemente, seleciona de modo constante imagens fundamentais que povoam a sua mente e que constituem material para o seu trabalho criativo. A imaginação, para o ator, tal qual a atenção, pode ser desenvolvida e direcionada exclusivamente para o ato criativo. Stanislávski estabeleceu uma diferença entre imaginação e fantasia: "A imaginação cria aquilo que é, o que acontece, o que conhecemos; a fantasia, porém, mostra-nos o que não existe, o que realmente jamais existiu nem aconteceu [...] ainda que possa acontecer."[13]

Tanto a imaginação quanto a fantasia são indispensáveis para o artista. A diferença fundamental entre fantasia e imaginação é a participação ativa do sujeito-ator que a imaginação exige no dado momento da realização de determinada tarefa. A fantasia, admitida absoluta em seu saber e poder, porém passiva, pode se transformar em imaginação no momento em que o ator se torna agente e a concretiza mediante uma ação. Stanislávski quer para o ator uma imaginação produtiva que se estabeleça, através de um treino sistemático, como uma alavanca que impulsiona a criação, despertando o inconsciente e a intuição, levando-o à ação e, indiretamente, podendo despertar os sentimentos. Assim, a imaginação, junto com a atenção, torna-se psicotécnica sensorial.

Diante dessa necessidade de uma imaginação ativa, o ator é levado, por meio de exercícios, a participar de invenções propostas, reagindo física e psiquicamente ao jogo, como se fosse real, o que exige a ingenuidade da criança. A imaginação no ator não pode ser geral, ela tem que se constituir num poder para sugerir imagens

13 Ibidem, p. 70.

claras, definidas e concretas para a criação. No processo criativo, a imaginação do ator precisa ser estimulada por um objetivo interessante para que os pensamentos se tornem ativos e gerem ações internas e externas concretas. Stanislávski fala dessa participação ativa do ator na vida criada pela imaginação e do seu estado ativo, o "eu sou" que se apropria de todo o ser do ator e exige o comprometimento de toda a sua natureza: "Estabelecer o 'eu sou', em nossa linguagem, indica que me coloco no centro das condições imaginárias, sinto que me encontro entre elas, que existo no mais denso da vida da imaginação, no mundo dos objetos imaginários, e que começo a atuar movido pelos próprios impulsos."[14]

Stanislávski afirma que a fantasia "em geral" sem um tema proposto é inútil, pois para a criação de imagens é necessário que a imaginação seja submetida a uma atividade mental, porém adverte, que, por outro lado, uma imaginação produzida de forma consciente e racionalizada pode ser estéril, podendo faltar-lhe vida.

O ator tem que inquietar a imaginação, formulando perguntas simples para ativá-la, e aproximar o objeto de investigação de sua mente, por meio de uma lógica coerente. As perguntas – Quem? O quê? Por quê? Quando? Onde? Como? O que faz? O que vê? De que é feito? Como é? etc. – feitas sobre o objeto pesquisado ajudam a despertar a imaginação e levam a criar imagens vivas definidas e claras. Em relação à pergunta "para quê?", também é atribuída grande importância, pois "ela obriga a esclarecer o objetivo das nossas aspirações, e isso nos indica o futuro e nos impulsiona à atividade, à ação"[15].

Aos temas propostos através de exercícios para desenvolver a imaginação, mediante o processo de aceitação das invenções com o "se", Stanislávski sugeria que fosse aplicada a pergunta-chave: "Que faria eu em tais circunstâncias propostas?", pois ela desperta a imaginação, estabelecendo o "se" mágico, e já coloca os procedimentos técnicos para a futura criação do papel. Exigia que nos

14 Ibidem, p. 79.
15 Ibidem, p. 91.

exercícios fossem esgotadas todas as possibilidades de exploração e aperfeiçoamento, considerando que os exercícios inacabados eram prejudicais para o desenvolvimento artístico do ator. Um único exercício poderia ser renovado dezenas de vezes – totalmente ou em parte – por uma nova ideia e não ser aplicado formalmente, como um mero cumprimento de tarefas ou para preencher um "fazer de conta" pedagógico.

No seu processo pedagógico, exortava o ator a estar sempre disponível para aceitar as proposições sugeridas; lutava para que estivesse aberto para as possibilidades da vida imaginária, pois a técnica amplamente utilizada por ele, como meio de criação, era a improvisação. Esta exige do ator não a rigidez de ideias e atitudes, mas uma mente volátil, ágil e alerta, capaz de responder, imediatamente, aos estímulos com a ação. Para dar sentido e interesse ao "jogo", o ator tem que acreditar nas proposições deste, desenvolvendo-o na perspectiva não do "confronto", mas do "acordo", da receptividade e reciprocidade. A improvisação exige do ator, além do envolvimento de seu imaginário interno, o comprometimento total de seu aparato sensorial, de forma ativa, que o possibilite prever e dar respostas inusitadas ao problema e que expressem a fé naquilo que é vivenciado, por meio de ações físicas coerentes e verazes.

Admitindo que a percepção da realidade está intimamente ligada à individualidade artística, o ângulo de visão do ator sobre ela ocorre conforme sua capacidade de imaginação e fantasia. O papel da imaginação no trabalho de criação do ator se dá, sobretudo, através do "se" mágico e das circunstâncias propostas pelo autor. Sobre essa imensa responsabilidade artística do ator, Stanislávski sentencia: "A tarefa do ator e de sua técnica artística consiste em transformar a ideia da obra em acontecimento artístico da cena."[16] Para o ator poder realizar essa enorme incumbência, tem que se transportar para o plano de uma vida suposta e inexistente com a ajuda das

16 Ibidem, p. 69.

circunstâncias propostas e do mágico "se", e, para isso, necessita de uma imaginação ativa que concretize essa "realidade" criada pela ficção. Ruffini fala sobre a exigência do mestre em relação à aparente contradição entre fantasia e imaginação:

> A imaginação, segundo Stanislávski, é justamente o contrário do lugar-comum. Não se alimenta tirando o freio à fantasia, mas, ao contrário, pondo freios continuamente; nisto consiste o caminho da precisão; não serve para se perder em outro mundo, mas para entrar, e situar-se no outro mundo, o mundo da ficção.[17]

O ator deve preencher com a sua imaginação todos os espaços obscuros da personagem não esclarecidos pelo autor, na obra e, em particular, no papel, pois ele deve justificar para si toda a vida da personagem com uma imagem íntegra, externa e interna que abrange o caráter, as ideias, os sentimentos, os impulsos, as ações da personagem criada por ele. Somada a essas exigências complexas da obra, há a inclusão de novas circunstâncias colocadas pela própria imaginação do ator, e dadas também pelo diretor, as quais exigem uma imaginação penetrante, apurada e ágil, com sugestões criativas que levam a novas soluções, acrescentando assim elementos originais ao processo do trabalho e à criação como um todo. O trabalho de criação exige todas as forças do ser do ator, da sua imaginação e da sua criatividade, voltadas para obter a totalidade da vida da personagem na imaginação, tornando-se seu criador absoluto, e é nisso que se constitui o seu segredo.

No desenvolvimento da imaginação de forma lógica e contínua dirigida a um fim, o maior desafio para o ator, dentro dessa psicotécnica, é criar o filme de imagens que vão dar vida à personagem no papel. Essa complexa tarefa do ator, a de criar o filme de imagens da vida da personagem em sua visão interna, exige o máximo

17 F. Ruffini, op. cit., p. 46.

potencial de sua imaginação para a projeção externa dessas imagens no momento da comunicação do papel. O filme de visualizações se constitui de todo o material acumulado e fixado de imagens sobre a personagem que transcendem o papel, que ilustram as circunstâncias propostas da obra, o "se" mágico, o subtexto, expressos na comunicação com o *partner*, nos monólogos e nos momentos de imobilidade criados pelo ator.

Para Stanislávski, as "visões" englobam todo o complexo de sensações imaginárias sensoriais sobre o objeto de forma ativa. Para cada instante do ator em cena, o filme de imagens o obriga a estar presente concretamente, dirigido pela imagem como objeto de atenção dentro do seu *círculo de atenção*. No solilóquio e na imobilidade trágica, a imaginação do ator é exigida de forma mais densa, pois ele tem que potencializar a ação interna com o significado das imagens e se comunicar com elas, estabelecendo e exteriorizando uma relação física, mental e emotiva.

A expressão da fala cênica, portanto, deve ser o resultado da ação interna e externa, a qual gera a ação da palavra, determinada pela transmissão de imagens sobre aquilo que o ator está falando e a relação psicofísica que se estabelece com elas no momento da comunicação. A técnica do filme é amplamente utilizada pelo ator na fala, pois ele deve falar aquilo que enxerga pela visão interna, pela ação; isto é, para Stanislávski, na palavra há ação, e a ação da palavra consiste na visualização das referências sobre aquilo que o ator está falando. O mestre considera que a expressão não correta da palavra se dá pela falta de visualizações interessantes em relação àquilo que o ator está dizendo, ou seja, não está agindo corretamente com a palavra.

Para o ator obter a totalidade das imagens que criam o filme, ele necessita repeti-lo inúmeras vezes até gravá-lo profundamente na memória, e isso o levará a viver intensamente o papel, despertando nele um estado de ânimo análogo ao que corresponde à personagem, provocando os impulsos e, a partir deles, as próprias ações.

3. O "Se" Mágico

No trabalho de criação, Stanislávski indica a palavra mágica "se" para o ator poder concretizar e levar a cabo as proposições das circunstâncias. A pergunta antes utilizada por Stanislávski – "O que eu quero na presente situação?" – foi substituída por outra, que coloca o "se" diante das circunstâncias eleitas, que estabelece imediatamente o ator dentro da situação e o leva a agir concretamente: "O que eu faria se me encontrasse em tais circunstâncias?" Isso estabelece como princípio que toda a ação é gerada não só pelo objetivo externo, mas também pelo impulso interno, por um motivo, uma causa, ou seja, pelas circunstâncias propostas que se constituem no estímulo para invenção do "se". As circunstâncias propostas são as causas pelas quais se realiza a ação, e o "se" é o impulso para a sua realização que vem do próprio ator.

O "se", como também as *circunstâncias propostas*, é uma invenção, um jogo, uma suposição da imaginação, uma ficção, em que o fato proposto pode ou não acontecer na realidade da vida. Stanislávski esclarece que:

> O "se" sempre dá começo à criação; as circunstâncias propostas a desenvolve. Não pode existir uma sem a outra, nem obrigatoriamente adquirir sua força de estímulo. Porém, têm funções diferentes: o "se" dá um impulso à imaginação adormecida, enquanto as "circunstâncias propostas" dão fundamento ao "se". Juntos, ajudam a criar o estímulo interior.[18]

O ator, diante de um problema proposto pelo "se", começa a agir e tenta solucionar esse problema com toda a liberdade de ação, de acordo com sua experiência de vida e o que a imaginação lhe propõe, condicionado pelas circunstâncias propostas e pela situação. Ele constitui-se num desafio para a ação, estimula e dispõe o ator para o jogo, criando neste

18 *Pólnoie Sobránie Sotchinéni v 8 Tomakh, t.* 2, p. 62.

um estado ativo interior e exterior, levando-o a realizar a ação de forma produtiva e com lógica e coerência. O "se" introduz o ator num estado criativo que o leva a solucionar a tarefa que lhe foi proposta de forma natural e sem esforço. A *atividade na criação e na arte* é uma propriedade constitutiva do "se", tornando-se assim um dos pilares do "sistema"[19].

Stanislávski declara, em uma carta à Liubòv I. Gurevitch (1866-1940)[20], que, em cena, só considera criativos aqueles momentos que foram provocados pelo "se" mágico:

> Nestes momentos, não existe o papel. Só existe eu mesmo. Do papel e da obra somente ficam as condições, as circunstâncias de sua vida. Sendo todo o resto meu, próprio. Tudo me pertence, já que qualquer papel, em cada um de seus momentos criativos, pertence a um indivíduo vivo, isto é, ao artista, e não ao esquema morto de um indivíduo, isto é, o papel.[21]

Como podemos perceber, Stanislávski, pelo "se", estabelece e atribui a autoria da criação cênica única e exclusivamente ao ator. O "se" transporta o ator para o mundo da imaginação, único espaço onde pode ser realizada a criação. Ele possui o poder de produzir um estímulo interno que leva o ator a atuar de maneira autêntica e orgânica.

Stanislávski qualifica o "se" de simples e complexo. O simples é aquela palavra mágica que dá o impulso para o desenvolvimento lógico da criação, que provoca uma reação instantânea, leva a uma ação instintiva. É próprio de proposições de improvisações com temas e circunstâncias simples em situações que geram o jogo imediato, como também em obras que não possuem circunstâncias múltiplas. Nas obras complexas, "entrelaçam-se uma grande quantidade de autores e outros variados 'se' que justificam esse ou aquele comportamento e tais ou quais atos dos heróis"[22].

19 Ibidem, p. 60-61.
20 Liubòv I. Gurevitch, escritora, crítica, historiadora teatral, redatora e colaboradora em *Minha Vida na Arte*, entre outros livros de Stanislávski.
21 *Pólnoie Sobránie Sotchinéni v 8 Tomakh, t. 8: Pís´ma 1918-1938*, p. 285.
22 Ibidem, p. 58.

4. Fé e Sentido Da Verdade

4.1 O Significado e o Papel da Verdade e da Fé no Processo da Criação

A verdade e a fé em cena exigem a participação ativa de todos os elementos da ação de forma clara, correta e harmônica. Para alcançar a autenticidade em cena, o ator tem que colocar em movimento todas as forças criativas para realizar a ação como quando a criou pela primeira vez, não imitando o que criou, mas passando novamente pelo processo vivo orgânico da criação. Na ficção artística, a verdade e a fé surgem do trabalho de fermentação e ativação da vida imaginária. Para o ator realizar uma ação genuína, despertando em si mesmo a verdade cênica, deve transferir-se para o plano da vida imaginária, com a ajuda das circunstâncias propostas e do "se". O que torna verazes e autênticas as ações e atitudes em cena e leva à fé é o sentimento interior do ator, que as justifica sempre com os "se", com as circunstâncias propostas e com objetivos interessantes. A permanência do ator em cena deve estar constantemente ratificada pela verdade das ações que está realizando e pela fé na verdade dos sentimentos que está vivendo. Stanislávski diz que: "A verdade na cena é aquilo que acreditamos sinceramente que ocorre dentro de nós mesmos, internamente, como também na alma de nossos *partners*. A verdade é inseparável da fé, como a fé o é da verdade."[23]

O ator deve atuar para o seu *partner*, influenciá-lo, fazê-lo crer em seus sentimentos e em sua comunicação. O *partner* é o juiz, o termômetro de sua atuação, e se ele conseguir fazê-lo sentir a verdade dos sentimentos e da comunicação, terá alcançado o objetivo da criação.

Na arte da vivência, estabelece -se a interação viva entre os jogadores, pois a fé e a verdade estão na ação autêntica, que consiste

23 Ibidem, p. 168.

na busca do vínculo com os *partners*, procurando influenciá-los e encontrando-se, por sua vez, sob a influência destes. O processo de interação, no aqui e no agora, exige do ator disponibilidade, flexibilidade mental, controle sobre si, atenção e observação aguda. Stanislávski indica o caminho para encontrar a fé e a verdade: no domínio do corpo, nos objetivos e ações, os quais são mais acessíveis, visíveis, perceptíveis e se subordinam à consciência, despertando assim os sentimentos. A fé e a verdade na ação física correta, lógica e coerente são consideradas o melhor estímulo para o sentimento, que é de índole subconsciente, sendo que o caminho que a psicotécnica do ator encontra para despertá-lo é pela via indireta, pela via consciente.

A liberdade do ator em cena advém da sua crença na verdade das ações psicofísicas, de sua lógica e coerência. O ator cria, a partir de pequenas ações físicas, uma partitura de ações, espécie de linha, e, através de um árduo trabalho de repetição para dominá-las e fixá-las, realiza e concretiza um caminho em completa relação com os objetivos, com as circunstâncias propostas e com os "se", que levam à verdade autêntica em cena, na qual se pode crer. Para que o trabalho sobre as ações físicas, de forma lógica e coerente, resulte eficaz deve ser "levado até o limite, quando naturalmente se cria o estado chamado 'eu sou', isto é, eu existo, vivo em cena, tenho o direito de estar aqui"[24].

O ator, independente do gênero da obra em que atua, deve esforçar-se para executar com correção as ações criadas por ele, nas circunstâncias propostas pelo autor, de forma gradual, lógica, coerente, captando sucessivamente cada verdade e acreditando nelas, para poder chegar, gradualmente, ao mais importante momento dramático. Ele tem que saber por que, e para que, faz tudo o que realiza em cena, as circunstâncias propostas, os "se", as ações físicas, os objetivos, a fim de criar a vida do papel e com ela a "vida do corpo humano".

24 *Pólnoie Sobránie Sotchinéni v 8 Tomakh*, t. 3, p. 419.

A partitura de ações físicas criadas de forma lógica e coerente mantém a atenção do ator na esfera da cena e o orienta numa linha estável do papel, despertando assim a fé no autêntico e a verdade do que faz em cena. O ator em cena é levado a perceber a verdade do corpo e do espírito através da linha das ações físicas, pois ela cria uma interação entre ambos, "entre a ação e o sentimento, graças a isso o exterior ajuda o interior e o interior evoca o exterior"[25]. Por meio da ação física, o ator pode expressar toda a complexidade da lógica da conduta psicofísica da personagem.

4.2 As Ações Físicas Com Objetos Imaginários e a Verdade Cênica

A ação física com o objeto imaginário, além de ser uma técnica psicofísica eficaz para o treino de todos os elementos do "sistema", sobretudo a atenção, a imaginação, a lógica e coerência, é também fundamental para o ator criar a verdade cênica. Ela obriga a atenção a se fixar no objeto inexistente e o ator começar a agir. A ação com o objeto imaginário ajuda o ator a compreender a lógica e coerência das ações, pois, ao estudar cada parte da ação em separado, ele toma consciência dessas partes que constituem as grandes ações físicas. Também ajuda a encontrar a verdade através da lógica e da continuidade das ações, pois estas estabelecem a "ordem, a harmonia, o sentido e ajudam a evocar a ação autêntica, frutífera e dirigida a um fim"[26]. Para ser lógico e coerente nas ações, é necessário obedecer ao processo de início, meio e fim da ação.

Stanislávski diz que, na vida, os que cuidam da lógica das ações mecânicas são o subconsciente, a atenção afinada e o controle instintivo. Em cena, o ator deve substituir o mecânico, o automático da vida, pelo controle consciente, lógico e contínuo de cada momento

25 *Pólnoie Sobránie Sotchinéni v 8 Tomakh, t. 2*, p. 179.
26 Ibidem, p. 182.

da ação física. Para alcançar a organicidade na ação e, com isso, a verdade e a fé, todos os planos da natureza humana do ator, que são contemplados pelo domínio dos elementos da ação, devem trabalhar de um modo lógico, coerente e em harmonia. Segundo Adriana Dal Forno (atriz, diretora teatral e professora de Artes Cênicas da UFSM), sobre a obtenção dessa autenticidade na ação: "A organicidade na ação se constitui pela concomitância do pensamento e do movimento, reconstituindo um processo que, ao longo da vida, é suplantado pelo hábito e pela mecanicidade, que se colocam como obstáculos para a sua realização."[27]

As ações físicas sem objeto, ou seja, com o objeto imaginário, constituem-se numa técnica consciente que desenvolve a atenção, a imaginação e influencia os sentimentos. O trabalho sobre pequenas ações com objetos imaginários faz o ator recuperar a consciência da atenção, do controle e da lógica mecânica da ação, fazendo-o lembrar e compreender o sentido e o nexo das pequenas partes da grande ação, o caminho lógico e o seu desenvolvimento. O ator, ao lembrar de cada etapa de forma lógica, coerente e ordenada, de todas as ações integrantes da grande ação, cria a verdade e a crença naquilo que está fazendo. As ações com objetos imaginários levam o ator a ter o controle e a consciência de cada pequeno ato auxiliar de sua ação, e isso o faz atuar em cena de uma forma autêntica, produtiva e consequente. As ações com objetos imaginários, com a sua infindável repetição de forma lógica e coerente, tornam-se mecânicas e se constituem na técnica fundamental do ator, pois ajudam a conseguir o processo vivo da criação em cena. Quando o ator passa a utilizar os objetos reais em cena, já de posse dessa psicotécnica e com domínio de um vasto arsenal de ações, elabora cada ação física sem esforço, de forma natural e com precisão absoluta, dentro de novas circunstâncias. Tudo isso tem que ser feito com lógica e coerência, para não destruir a verdade, pois sem verdade não há fé e não há vivência do artista nem do espectador.

27 *A Organicidade do Ator*, p. 39.

O ator, ao realizar em cena uma ação lógica e coerente, depurada de todo o supérfluo, leva o espectador "a perceber o 'mecanismo' da ação que inconscientemente conhecemos na vida"[28]. Stanislávski via nesse oferecimento ao público pelo ator uma possibilidade de identificação pelo reconhecimento de algo que ele já não tem consciência de como se faz.

Com a ação sem objeto cria-se ainda outra condição, que é a instalação obrigatória da atividade de todos os elementos da natureza orgânica do ator, que envolvem o corpo, a mente, a vontade-sentimento, pois há a exigência de fixar a atenção na segmentação das partes que compõem cada célula das pequenas ações para poder realizar a totalidade das partes que formam o todo da grande ação. A linha ininterrupta das ações de maneira lógica e coerente faz com que o ator necessariamente lembre cada etapa das pequenas ações que compõem a grande ação. Assim, é levado de forma natural à verdade, e desta à fé, obtendo a mais autêntica vivência. A ação sem objetos obriga o ator a penetrar de forma atenta e profunda na natureza das ações físicas, estudá-las e dominá-las a tal ponto que se tornam próprias, orgânicas. Esse ato intenso de adentrar na essência da ação física envolve todo o processo físico e orgânico do ator para a realização da ação, gerando a verdade e a fé.

Após um período prolongado de repetição das ações sem objeto, em que o ator se torna capaz de identificar e realizar todos os seus diversos momentos, sua natureza corporal passará a agir por si mesma, ao responder a uma necessidade natural e orgânica, constituindo-se numa segunda natureza. O ator tem "que amar cada uma das pequenas ações, partes integrantes da grande ação, como o músico ama cada nota da melodia que interpreta"[29].

28 *Pólnoie Sobránie Sotchinéni v 8 Tomakh*, t.2, p. 186.
29 Ibidem, p. 188.

5. Relação

Na vida, o ser humano sempre possui um objeto de atenção. Isso significa que está em constante contato com algum objeto, sendo essa uma lei da natureza humana. A comunicação com o objeto animado ou inanimado surge da relação que se estabelece entre o sujeito e o objeto, que se dá através de imagens, pensamentos, sentimentos que despertam dentro do sujeito em determinado momento. Em cena, a fim de que esse processo de relação se realize, são necessárias a percepção e a absorção do objeto, para que possa haver contato e, com isso, instale-se a comunhão, a entrega e a recepção entre este e o sujeito. O ator, em cena, para conseguir entrar em relação, deve voltar totalmente o seu interesse para o objeto de atenção, tornando disponível todo o seu aparato sensorial de ver, ouvir, perceber tudo o que ocorre ao redor, para poder estabelecer a comunhão de dar e receber algo do objeto de atenção. Stanislávski sempre diz que: "Os olhos são o espelho da alma. O olhar vazio é o reflexo de uma alma vazia."[30]

O ator precisa reunir em si um vasto material de criação, com profundo conteúdo espiritual análogo à "vida do espírito humano" do papel, para poder compartilhar o que acumulou em seu interior com os *partners* em cena. O processo de comunicação em cena deve seguir a mesma lei ininterrupta da linha de ação do papel, que deve ser potencializada pela relação que se estabelece entre as personagens e, indiretamente, com o espectador. O ator, ao manter a constante "comunicação de seus sentimentos, ideias e ações análogos ao da sua personagem"[31], consegue manter o domínio sobre a atenção do público.

Stanislávski considera que o processo de comunicação mútua com o *partner* é mais fácil de ser dominado. A comunicação pode ser

30 Ibidem, p. 251.
31 Ibidem, p. 253.

estabelecida com todas as partes do corpo. No entanto, o que deve ser buscado no ser humano é, sobretudo, o seu mundo interior, e, nesse contato com o outro, todos os sentidos devem estar alertas como tentáculos, para captar, compreender e sentir o estado interior do outro. O ator deve estar sempre presente em cena, não destruir a continuidade da comunicação mútua, pois esta exige a entrega e a recepção dos sentimentos, que se processam pelos olhares e todos os órgãos do aparato psicofísico, e pela expressão de ideias, através do pensamento, no ato de escutar, nos silêncios, gestos e atitudes. Na comunicação, o ator deve se esforçar para que suas ideias cheguem à consciência e aos sentimentos do *partner*, e, por sua vez, deve captar as ideias do interlocutor já conhecidas, sempre de forma renovada. "Os processos de percepções mútuas ininterruptas, de entrega de ideias e sentimentos devem ser realizados em cada criação que se repete."[32]

Para poder alcançar essa constante renovação orgânica da criação, há a exigência de muita atenção, técnica e disciplina artística. O processo de comunicação externa, visível, necessita de todo o aparato corporal e sensitivo afinado e sob controle absoluto para que o ator possa colocar o seu instrumento ativo e receptivo em interação com o objeto. Aqui, Stanislávski aplica a máxima: "Se os olhos são o espelho da alma, os dedos são os olhos do corpo."[33] Através da energia visível nos movimentos dos dedos, o mestre media os impulsos internos da ação que envolvia todo o aparato psicofísico do ator e que lhe conferia organicidade.

Outra forma de comunicação de que Stanislávski se ocupou é a que se realiza com um objeto imaginário, inexistente. O objeto inexistente exige do ator uma atitude interior ante ele, e, para isso, o ator deve colocar no lugar do objeto inexistente o seu mágico "se" e procurar responder profundamente o que faria se no espaço vazio que existe diante de si estivesse o objeto imaginado. Dá como exemplo o Fantasma, em *Hamlet*[34]. Outro tipo de comunicação é realizado

32 Ibidem, p. 257.
33 Ibidem, p. 265.
34 Ibidem, p. 257.

pela via da ação concreta do ator, entendida como a interação do sujeito (ator) com o objeto imaginário, que se dá principalmente no monólogo, em que o ator tem que estabelecer uma relação com aquilo que fala, com as imagens mentais referentes. Esse tipo de comunicação com o objeto imaginário expressa pela comunicação de imagens deve estar presente o tempo todo no ator, e ela se estabelece não só como subtexto da fala, mas nas pausas e silêncios.

Todos os tipos de comunicação exigem profunda atenção na qualidade interior do objeto visado e a presença ativa do ator com o verdadeiro desejo de transmitir e receber emoções vivas, humanas. Essa troca de sentimentos próprios, palpitantes, que resultam da ação concreta, é o que Stanislávski reconhece como teatro da vivência. O princípio ativo do processo de comunicação não é só o que se dá pelos movimentos externos, visíveis, sendo também admitidas ativas as ações da comunicação interior.

Stanislávski considerava a forma de comunicação interna, invisível e espiritual muito importante. Para o desenvolvimento desse tipo de comunicação, adotou uma psicotécnica chamada de irradiação, que consiste na emissão e recepção de raios. Explica que a terminologia utilizada é um jargão, pois os caminhos invisíveis da comunicação são estudados com as próprias sensações do ator. E define irradiação: "Uma espécie de comunicação invisível, comunicação recíproca que cria a sensação de uma corrente de vontade que brota das entranhas do ser, como se fluísse através dos olhos, através das pontas dos dedos, através dos poros da pele."[35]

As chamadas irradiações são passíveis de ser mais perceptíveis, definidas e evidentes em momentos de fortes emoções, estados de êxtase ou exaltação de sentimentos, tanto para o receptor quanto para o emissor. Esse recurso técnico foi considerado por ele uma forma de comunicação pura, "de uma alma para outra, dos olhos nos olhos"[36]. Ele usou-o nos últimos anos, vinculado à ação física,

35 Ibidem, p. 267.
36 Ibidem, p. 268.

em que predominava a ação aguda do olhar, com a total participação do corpo, desde a ponta dos pés, em estado interno intenso e quase em imobilidade.

O ator deve conhecer, a partir de sua experiência pessoal, a força dos raios invisíveis da irradiação. Por um ato de vontade, tem que buscá-los dentro de si durante a comunicação e fazer com que fluam de si, mas precisa acumular material criativo para poder transmitir essa corrente de raios. Esse procedimento só é possível se o ator estiver totalmente disponível e livre de tensões supérfluas, porém firme, estável, sem dispersão de energia, pois a comunicação pela irradiação é um processo delicado que não se realiza através do esforço. Com o domínio dessa psicotécnica, a qual exige muito treino, o ator aprende não só a expressar as ideias com as palavras e viver sua essência interior, mas também a perscrutar o outro. Nesse processo de comunicação invisível, transcorre um intercâmbio recíproco de percepção, absorção e emissão de ideias e sentimentos que cria a concatenação interior entre os comunicadores.

Na recepção de raios, acontece o processo inverso da emissão, há uma assimilação dos sentimentos e desejos interiores do outro – que fluem de seus olhos, de seu corpo – que envolve o receptor com sua corrente. Stanislávski[37] esclarece que o hipnotismo parte desse mesmo princípio da irradiação. O procedimento possibilita estabelecer o nexo interno na comunicação entre os atores, dirigir e fortalecer a atenção sobre o objeto essencialmente estável. Ele salienta a importância de o ator desenvolver essa qualidade, pois necessita de uma grande atividade interior e exterior. Diz que é preciso possuir "*garras*" nos olhos, nos ouvidos, em todos os órgãos sensoriais, porque esse processo de comunicação "exige do ator uma força contínua para que possa lutar pela liberdade, pela ideia e pela existência" e exige "paixões ardentes, alegrias intensas"[38].

37 Ibidem, p. 269.
38 Ibidem, p. 273.

Para o ator poder viver esse processo organicamente, tem que conhecer as leis que regem esses recursos de comunicação, adaptar-se a elas e estudá-las por meio da prática constante, até se tornarem uma necessidade orgânica. A irradiação é mais um elemento que enriquece a técnica necessária para a presença e a comunicação do ator em cena.

6. Adaptação

Stanislávski considera que a adaptação é um dos elementos mais valiosos da comunicação, pois o ser humano o tempo todo necessita adaptar-se não só às pessoas com as quais tem contato, mas a si mesmo, ao próprio estado de ânimo do momento e às novas condições e circunstâncias que se apresentam a cada instante, de forma inusitada, exigindo do sujeito a capacidade de adaptações coerentes e ajustes que lhe são próprios.

O significado da palavra adaptação no trabalho do ator dentro do "sistema" passa a designar "tanto os meios internos como os artifícios externos com os quais as pessoas se ajustam umas às outras na relação e que ajudam a influenciar sobre o objeto"[39]. A adaptação, além de ajudar a despertar a atenção sobre aquilo com que se quer entrar em contato, seja objeto, seja pessoa, também transmite o invisível, o interno, que não é expresso em palavras, fazendo-se, ainda, necessária para ocultar os sentimentos e a verdadeira ação interior. Ela é indispensável para que a comunicação se realize e as palavras se tornem vivas, plenas de significado, e os sentimentos possam ser revelados. A adaptação, em determinados casos, é uma espécie de ardil, uma estratégia, como também pode ser uma "ilustração

39 Ibidem, p. 281.

visível de sentimentos e pensamentos internos"[40]. Para Stanislávski, o êxito na comunicação em cena advém da qualidade da adaptação, de como o ator se ajusta às condições, às circunstâncias, ou seja, da forma que ele encontra, no aqui e no agora, dentro da situação em que atua, para alcançar o objetivo que se propõe. As adaptações são originadas nas mais diversas fontes e valores e sua qualidade depende de cada artista em particular, pertence a ele somente.

As possibilidades de adaptação são infinitas, dependem da perspicácia do ator, de sua agilidade mental, temperamento, imaginação, individualidade artística e, sobretudo, de sua disposição e capacidade para o jogo. No processo de comunicação, em cena, o ator tem que ser capaz de incutir e exercer o domínio sobre a mente, os sentimentos, a atenção e a imaginação do *partner*, comover sua alma, e, para isso, deve possuir a capacidade de encontrar no dado momento adaptações convincentes. A fim de conseguir uma eficaz adaptação, interna e externa, o ator precisa da ajuda de elementos visíveis e invisíveis e, para tal, tem que utilizar todo o seu aparato corporal, os órgãos sensoriais, os movimentos, a emissão e a recepção de raios. As adaptações, para poderem transmitir força, precisam ser variadas, terem clareza, agudeza, serem originais, autênticas, audaciosas e inesperadas. O ator em cena necessita de ajustes constantes, que requerem uma infinidade de adaptações, pois, além da comunicação ser contínua, ele tem que saber se adaptar constantemente às circunstâncias que surgem no momento, ao espaço, aos objetos e a cada pessoa em particular.

Stanislávski qualifica as adaptações de conscientes e subconscientes, sendo que estas são espontâneas, involuntárias, próprias da ingenuidade infantil. As conscientes são geradas voluntariamente e por um ato de reflexão. Em cena, as adaptações espontâneas surgem inesperadamente e impressionam pela sua audácia e força orgânica, visto que são geradas da profunda natureza artística do ator, de sua inspiração criativa.

40 Ibidem.

As adaptações conscientes que o ator retirou e absorveu da vida exigem muito trabalho para poderem ser incorporadas à sua natureza artística, ou seja, para serem transformadas em psicotécnica e virarem semiconscientes, orgânicas. O ator pode tornar essas adaptações convincentes com a aquisição de uma elaborada psicotécnica, isto é, com o domínio dos elementos poderá encontrar ajustes eficazes em qualquer situação e com o acréscimo de novas circunstâncias. A adaptação exige do ator a capacidade de jogo, que saiba usar os mais variados recursos e ajustes para conseguir o que quer e influir sobre o *partner*. A busca da diversidade no processo de comunicação deve estar sempre relacionada com as exigências da obra, ligada ao objeto de atenção e ao objetivo final, não sendo usada como um fim em si mesmo, para mostrar virtuose.

A principal tarefa do ator, no ato de comunicação em cena, é ajustar-se ao *partner*, por intermédio de ações claras, exatas, lógicas e coerentes. A forma como essas ações são realizadas depende da habilidade artística do ator e de sua capacidade de apresentar adaptações com contrastes agudos e elementos inesperados, as quais devem ser sempre verdadeiras e humanas. Para poder expressar todos os matizes das adaptações em cena, que precisam ser sempre renovadas, o ator deve ter alta exigência psicotécnica, que o obrigue a uma disciplina interna e externa, a fim de poder obter flexibilidade, expressividade, delicadeza, domínio e controle do aparato físico e vocal e de todos os meios expressivos. Cruciani fala da alta exigência de Stanislávski na técnica da improvisação exigida na realização da ação, sempre renovada em cada momento da apresentação:

> O ator improvisa, porque aprendeu a representar segmentando, dissecando, depois reconstruindo a ação interna e externa do homem (é o método dos grandes romancistas russos, Tolstói e Dostoiévski, especialmente, que é comparado com a "ciência" de Stanislávski). Stanislávski decompõe/separa/fragmenta o drama nas suas ações e as ações nas suas motivações, para dar ao ator a possibilidade de não atuar "em geral", mas de atuar com precisão

e coerência uma sucessão de processos, por meio de exercícios e de improvisações; [...] a execução e o peso do detalhe são a primeira definição que a prática da improvisação requer na contradição entre precisão e espontaneidade. [...] improvisar é uma palavra que oscila entre criatividade (o trabalho para expressar só aquilo que não se conhece) e habilidade (possuir tanta técnica para poder eleger - ser livre).[41]

Para manter o processo vivo orgânico em cena - sempre com novas adaptações - dentro de uma partitura de ações já determinada, há a exigência constante, por parte do ator, de buscar novas "iscas" que desencadeiem, estimulem e renovem a criação sem se desviarem de seu objetivo cênico e da precisão da ação. Stanislávski solicitava aos seus alunos-atores que estivessem o tempo todo capacitados e disponíveis para entrar no jogo cênico, reagindo a qualquer dado inesperado de forma imediata e espontânea.

7. Liberdade Muscular

Stanislávski constatou que os defeitos físicos[42], que na vida são imperceptíveis, tornam-se evidentes em cena, potencializados e multiplicados, pois estão sob o olhar atento do espectador, assumindo o caráter de uma lupa, que torna a cena semelhante ao diafragma de uma câmera fotográfica. Também percebeu durante o

41 F. Cruciani, *Registi pedagoghi e comunitá teatrale nel Novecento*, p. 94-95.

42 Stanislávski, ao falar de defeitos físicos, não está tratando de deficiências físicas, como perda ou anormalidade de uma estrutura ou função fisiológica, anatômica ou psicológica, mas de problemas de organização corporal, geralmente derivados dos maus hábitos, que interferem na organização corporal cênica e que, para serem superados, necessitam de treino permanente que permita o desenvolvimento da consciência plena de si que envolve todo o ser psicofísico do ator.

desenvolvimento dos elementos da psicotécnica do ator suas dificuldades de poder expressar o conteúdo interno sem a ajuda de uma técnica externa que viabilizasse a concretização física da vivência. Após relatar uma experiência desastrosa ocorrida pelo emprego de esforço exagerado em cena, decide mudar a ordem da investigação técnica dos elementos internos da ação cênica e dar início ao estudo na esfera do treino corporal para a liberação dos músculos. Considera que a tensão e o esforço físico em cena são causados pela violação das leis da natureza e paralisam todo o trabalho ativo do ator, interferindo em sua vida psíquica, o que se reflete no processo orgânico da ação e na expressão dos sentimentos. Os sintomas da tensão são defeitos que influem sobre o estado geral do ator e a tensão muscular deforma o artista e o impede de atuar, afetando todo o seu aparato psicofísico: o corpo, a voz, os olhos e a respiração. "Enquanto existir tensão física, não se pode falar de verdade cênica, de sensações sutis, coerentes, nem de uma vida espiritual normal do papel."[43]

Essa comprovação levou Stanislávski a estabelecer, em seu processo pedagógico, um treino psicofísico que ajudasse o ator a liberar as contrações supérfluas antes de iniciar qualquer trabalho criativo. Era necessária a aquisição de um hábito que conduzisse a uma luta permanente para o desenvolvimento de uma observação e de um controle que possibilitassem a elevação da consciência corporal e, com isso, a criação de uma segunda natureza. É proposta a constante relaxação muscular tanto na vida quanto em cena. Essa habilidade é conquistada com exercícios e adestramento sistemáticos para que se torne inconsciente no artista, levando-o a um estado natural. O domínio do controle físico e a ordenação dos músculos tornam-se condição intrínseca do processo criativo para liberar o corpo, impingindo-lhe agilidade na realização da ação, e alterar o estado de ânimo do ator, tornando-o mais ativo e produtivo.

Stanislávski, além de ter determinado um treino físico diário, adotou, na primeira etapa prática do estudo do elemento *liberdade*

43 *Pólnoie Sobránie Sotchinéni v 8 Tomakh, t.* 2, p. 133.

muscular, um programa pedagógico que consistia de exercícios de sensibilização, percepção, equilíbrio, força, resistência, agilidade, destreza e consciência do fluxo da energia interna do movimento. Esse processo era guiado de tal forma que contemplava o desenvolvimento e o aperfeiçoamento da vontade, da imaginação, da atenção, da memória, de habilidades cênicas especiais, visando, sobretudo, à realização concreta de uma ação orgânica plasticamente expressiva, dirigida a um fim.

Os princípios da escultura guiaram o desenvolvimento de sua prática na relaxação dos músculos e das tensões necessárias para poder manter uma postura. Para esse fim, propunha "estudar as leis que mantêm o equilíbrio do corpo humano e, por meio da própria experiência, aprender a determinar a posição do centro de gravidade em cada uma das posturas"[44]. O ator deve adquirir aptidão para fixar instantaneamente o centro de gravidade nas posturas e manter-se firme. Com o estudo das leis da gravidade ele pode vencer qualquer adversário, pois aprende a detectar os pontos vulneráveis para, sem esforço, fazê-lo perder o equilíbrio.

Esse processo requer atenção aguda, controle, rápida orientação, distinção das sensações físicas e ajustes precisos e firmes. O ator, pelo estudo e a observação de si mesmo, deve compreender e aprender a encontrar a posição do centro de gravidade, que condiciona a estabilidade. Esses experimentos desenvolvidos sistematicamente levam à consciência do grau de desenvolvimento que se pode "conseguir em relação à mobilidade, à agilidade, à capacidade de adaptação do próprio corpo, no qual os músculos realizam somente o trabalho que lhes indica um sentido bem desenvolvido do equilíbrio"[45].

No desenvolvimento prático do estudo sobre o equilíbrio, no qual trabalhou as posturas esculturais, Stanislávski agrega outros complementos essenciais aos exercícios e exige que: "cada postura não só esteja sujeita ao controle próprio, liberada mecanicamente de

44 Ibidem, p. 140.
45 Ibidem.

toda a tensão, mas que se baseiem em alguma ideia imaginária, nas circunstâncias propostas e no 'se'. A partir desse momento, ela deixa de ser uma pose, recebe um objetivo ativo e se converte em ação"[46].

Em cena, todos os movimentos, gestos, atitudes e posições devem ser justificadas, isto é, transformadas em ações; precisam de um fundamento e têm que estar a serviço de uma essência interior. A ação deve possuir um objetivo concreto, com base em alguma circunstância, que leva o corpo agir de forma correta, ou seja, todos os músculos tomam sua verdadeira posição e trabalham corretamente. Na cena, em cada posição do corpo, devem existir três momentos: *tensão, relaxação e justificação*. Stanislávski afirma que um objetivo interessante, fundamentado nas circunstâncias, faz a natureza trabalhar sem obstáculos e leva a realizar uma ação verdadeira. Somente a natureza "em total medida, pode dirigir nossos músculos, relaxá-los ou tensioná-los corretamente"[47].

A tensão necessária para manter determinada posição requer domínio e equilíbrio, sendo que o controle é considerado o inspetor dos músculos, e os ajustes sobre as partes do corpo em movimento devem ser claros como as notas de um instrumento, pois necessitam de precisão e fluência para que soem harmonicamente. "Sem esse requisito, os movimentos que acompanham um papel não serão adequados e sua execução será, por força, obscura e carente de arte. [...] Quanto mais delicado o sentimento tanto mais precisão e plasticidade requer sua expressão física."[48]

Por essas exigências, observamos que Stanislávski buscava o ideal de um corpo inteligente, artístico, que obedecesse às ordens do pensamento, da imaginação e tornasse o invisível visível.

"Quem me ensina melhor do que o meu gato?"[49] Stanislávski indaga sobre a plasticidade do movimento, e a sua correlação com a energia que circula internamente neste, e encontra no gato, objeto de

46 Ibidem.
47 Ibidem, p. 143.
48 Ibidem, p. 154.
49 Ibidem, p. 140.

sua pesquisa corporal, o exemplo sobre a expressividade e o emprego das tensões. Diz que:

> tal harmonia dos movimentos e tal desenvolvimento corporal, como os dos animais, são inacessíveis para o ser homem. Não existe técnica que consiga tamanha perfeição no que tange ao domínio dos músculos. Somente uma natureza inconscientemente apta pode alcançar tal virtuosismo, facilidade, precisão, desenvoltura dos movimentos, poses, e tal plasticidade[50].

A partir da sua observação, experimenta centenas de posturas e infinidades de adaptações que envolvem todo o aparato corporal: respiração, ritmos, variações infindáveis. Tal qual o gato, tenta passar da total quietude para o mais rápido e surpreendente movimento. O gato gasta sua energia com economia, sabe distribuí-la passando da imobilidade para a mobilidade; não perde forças, pois nele as tensões supérfluas são inexistentes. Ele acumula as forças para dirigi-las, num único impulso, para o centro motor que necessita no momento. Disso resultam suas ações tão precisas, determinadas e poderosas. A mobilidade e a liberdade dos músculos dos felinos criam uma plasticidade excepcional.

A observação e a *mímesis* dos animais passam a ser estudo obrigatório, desenvolvido nos programas das "escolas-estúdios". A *mímesis* deve ser entendida não como cópia do animal, uma imitação, mas a incorporação do ritmo interno, que constitui a essência de determinado animal. O ator necessita entender e perceber em si o mecanismo do corpo do animal, as articulações e a plasticidade, e, sobretudo, a sua característica interior, as nuances de seu estado anímico, as defesas e os ataques.

Pela observação do gato, de suas diferentes e estranhas posturas, Stanislávski considera essencial para o ator entender a "psicologia" que leva o animal a adotar determinada posição, a sua natureza

50 Ibidem, p. 146.

orgânica, compreender o seu motor, o que o faz agir desta ou daquela forma.

A apreensão do motor interno da personagem é um requisito necessário para o ator no processo orgânico da criação, na transformação do ator-personagem em personagem-ator, pois, sem a sua captação, torna-se impossível a concretização da imagem do papel, ou seja, sua metamorfose. Ele declara ter usado o andar do tigre em seu papel de *Otelo*. O ator, para poder expressar sentimentos delicados em personagens complexos, como Hamlet e Otelo, precisa de um corpo flexível, sem tensão supérflua, para sentir-se livre e ter vida própria em cena[51].

É nesse elemento do "sistema", *liberdade muscular*, que Stanislávski lança as bases dos princípios teóricos e práticos da cultura corporal que vão reger a pedagogia da área Fundamentos do Movimento Cênico, da escola soviético/russa. Todas as práticas corporais estão subordinadas a essa área, com suas disciplinas específicas: cultura física para o desenvolvimento geral do corpo, ginástica, dança, acrobacia, esgrima cênica, quedas, punhal e luta cênica, biomecânica, box, estilos que envolvem diferentes épocas, ginástica sueca, deslocamento cênico e domínio espacial, coordenação simples e complexa do movimento com a palavra, *études* e improvisações envolvendo as técnicas corporais adquiridas, plasticidade e expressividade do movimento, educação rítmica, tempo-ritmo da ação física e todas as demais técnicas psicofísicas que são incorporadas à esfera do aparato motor. É a produção e aquisição, por meio de uma prática constante, de um conhecimento consciente da direção do movimento do corpo, na participação e complementação de uma ação psicofísica que deve ser sempre autêntica, fecunda, produtiva e ter um propósito.

O desenvolvimento teórico-prático do "sistema", no que tange ao domínio da cultura do movimento, foi enriquecido pela inclusão de inúmeras técnicas, todas elas a serviço da tarefa prática do ator na aquisição de habilidades e aperfeiçoamento pessoal, para poder

51 Ibidem, p. 147.

concretizar psicofisicamente a vida cênica *do espírito humano*, através da concretização da personagem, entendida esta, sobretudo, pela sua corporeidade física e psíquica, já que, para alcançar a organicidade, ambas devem formar uma totalidade.

O desenvolvimento e o aperfeiçoamento do aparato físico buscam atingir centros motores pouco utilizados, sensibilizar cadeias musculares internas e experimentar sensações desconhecidas, gerando outras possibilidades expressivas[52]. São direcionados ao desenvolvimento e ao aperfeiçoamento do aparato motor: o sistema ósseo, ligado ao muscular, e o sistema nervoso do ator. O sistema muscular garante a sua ação recíproca com o trabalho interno dos órgãos, da respiração e da circulação sanguínea.

No elemento "Desenvolvimento da Expressão Corporal", Stanislávski dá continuidade ao programa, já em andamento, da *liberdade muscular*. Trabalha, sobretudo, com problemas ligados à organização corporal, à plasticidade, à expressividade e à energia do movimento. Exige que todos os exercícios contemplem a individualidade do ator e sigam corretamente o equilíbrio e as proporções específicas de cada corpo em particular. O objetivo, aqui, é especificar teoricamente e verificar na prática os benefícios de cada técnica e, por meio do seu domínio, tornar o corpo mais dinâmico, flexível, sensível e expressivo para concretizar fisicamente o invisível.

Marco De Marinis (1949) destaca, entre os diretores pedagogos do *Novecento teatrale*, no que tange ao trabalho do corpo, a importância de Stanislávski, dizendo que:

> sempre assinalou a atividade da segmentação, na conduta do aluno-ator e do ator já formado, em todos os níveis do aprendizado e em todas as fases do processo criativo: seja no trabalho sobre si mesmo, como para chegar a adquirir o considerado "movimento plástico", isto é, fluido, ininterrupto, sustentado pela "sensação interior"; seja durante o trabalho

52 *Pólnoie Sobránie Sotchinéni v 8 Tomakh*, t. 3, p. 33.

sobre a parte, como mediante a segmentação progressiva de cada cena e das ações, que são consideradas, segundo as suas metas ou os seus objetivos correspondentes[53].

8. Tempo-Ritmo

Onde há vida há também ação;
onde há ação há também movimento;
onde há movimento há também tempo;
onde há tempo há também ritmo.

K. STANISLÁVSKI, *Pólnoie Sobránie Sotchinéni v 8 Tomakh, t. 3.*

Stanislávski começou seus experimentos sobre o tempo-ritmo com o Estúdio de Ópera Bolshoi (1918-1922), de Moscou, com alunos-cantores e atores do TAM. Atribuiu-lhe uma importância fundamental, pois considerou que o elemento vinha a contribuir de forma cabal para a arte do ator. Deu ênfase sobretudo à ligação existente entre respiração, atenção e ritmo, como também sublinhou a ajuda da música para criar condições favoráveis à inspiração.

É antológica a experiência que realizou com os atores-cantores, com uma dezena de metrônomos, aparelho que determina a exata duração do tempo, produzindo os mais variados ritmos, experimentando diferentes atmosferas, estados de ânimo e situações. Contagiava os atores com invenções e jogos, desafiando-os a entrarem nas situações que propunha. Mas foi em seus últimos anos de vida, trabalhando no

53 *In cerca dell'attore*, p. 207-208. Marco de Marinis é um dos mais importantes teóricos teatrais contemporâneos, professor da Universidade de Bologna e autor de inúmeras obras sobre teoria e prática do teatro do século XX.

Estúdio de Ópera e Arte Dramática com jovens cantores e atores, que conseguiu realmente verificar o estreito vínculo do método das ações físicas com o tempo-ritmo. Considerou essa descoberta excepcional para a correlação intrínseca entre tempo-ritmo interno e externo, ou seja, da ação física para o sentimento, e vice-versa. Destacamos o testemunho de Maria Knebel sobre sua experiência com o mestre, neste último período: "Ao trabalhar posteriormente no estúdio, sob as ordens de Konstantin Serguiêievitch, na qualidade de pedagoga, fiquei surpreendida pelo enorme significado que ele dava ao trabalho sobre o tempo-ritmo e quão ampla e plenamente era trabalhada por ele esta seção da psicotécnica cênica."[54]

Os escritos de Stanislávski sobre tempo-ritmo são o somatório das experiências práticas realizadas nos diversos estúdios em que trabalhou sobre esse elemento. Ele abriu um potente caminho para a eficácia e a precisão na arte do ator nessa esfera, sendo que seus seguidores procuraram avançar nas investigações práticas e teóricas do tempo-ritmo, no que tange às correlações entre o físico, o emocional e o mental na arte do ator.

Stanislávski esclarece que o elemento tempo-ritmo é um acréscimo muito importante aos estudos práticos, dentro do processo de criação, e que deveria ter sido tratado há mais tempo, mas justifica a ordem em que se encontra dentro do "sistema": "É muito mais fácil e importante falar de forma concreta sobre o tempo-ritmo interno simultaneamente ao externo, isto é, no momento em que ele surge visível nos movimentos físicos [...] que pode ser visto com os olhos."[55]

Stanislávski entende ser necessário primeiro experimentar com o corpo físico, para depois captar interiormente o significado e a influência do tempo-ritmo em cena, e alerta sobre a pouca utilidade das definições para a prática do ator. Nesse sentido, pensamos ser oportuno citar a definição dos termos *tempo*, *ritmo* e *medida*, conforme ele o fez:

54 M. Knebel, *La Palabra en la Creación Actoral*, p. 183.
55 *Pólnoie Sobránie Sotchinéni v 8 Tomakh*, t. 3, p. 140.

> tempo é a rapidez com que se alternam períodos iguais, de uma medida qualquer, que são tomados como unidades, condicionalmente aceitas. Ritmo é a relação quantitativa de períodos efetivos (de movimento e som) para a duração, condicionalmente aceitos, como unidades num tempo e medida determinada. Medida é a repetição (pressupõe-se repetida) da soma de partes iguais, condicionalmente aceitas, que se estabelecem como unidades assinaladas pela acentuação de uma delas (duração do movimento e do som)[56].

Essa terminologia só começa a fazer sentido para o ator com o domínio da prática, que dará a dimensão das infinitas possibilidades das variações do tempo-ritmo e dos seus efeitos sobre o estado criativo geral. Tanto as ações quanto as palavras, por transcorrerem no tempo, devem acontecer dentro de um tempo-ritmo variado, sendo que as ações preenchem o tempo com movimentos rápidos e lentos e pausas, enquanto na linguagem são os sons das mais diversas durações, intercalados por pausas, que preenchem o tempo. "O tempo é rapidez ou lentidão. O tempo encurta ou prolonga a ação, acelera ou retarda a linguagem."[57] O tempo-ritmo está presente na imaginação, no pensamento, na comunicação, nos sentimentos.

As pesquisas de Stanislávski nesse campo se dirigiram, sobretudo, ao estabelecimento de uma psicotécnica que elevasse a arte do ator a uma precisão absoluta da ação psicofísica e da linguagem, correspondendo a uma partitura musical. Com o domínio desse recurso, que se encontra estreitamente vinculado à respiração e à atenção, todos os outros elementos da arte do ator, quer físicos, quer emocionais e espirituais, seriam desencadeados, pois o tempo-ritmo constitui-se num meio direto e imediato para estimular as forças motrizes da vida psíquica: a mente, a vontade e o sentimento. O caminho para encontrar o tempo-ritmo correto de uma ação se dá

56 Ibidem, p. 140-141.
57 Ibidem, p. 143.

por meio da repetição, até que se estabeleça a sua precisão absoluta e, assim, a autenticidade e a verdade da ação, e, como consequência, a fusão harmônica da ação física com a psíquica, gerando, no ator, um estado cênico prazeroso. Há a exigência para a ação e para a linguagem dos procedimentos da dança e da música, pois nelas as coincidências rítmicas são rigorosamente regulares e precisas e podem ser trabalhadas e ordenadas previamente, ou seja, podem ser fixadas por intermédio da repetição.

A infindável criatividade de Stanislávski, na proposição de exercícios para produzir os mais variados tempos e ritmos inseridos num acontecimento involucrado por diferentes circunstâncias propostas, tinha por objetivo não só o domínio do tempo-ritmo da ação e da linguagem, mas, sobretudo, criar, no aqui e no agora, o grande espectro de estados anímicos e das paixões humanas necessárias para o papel. "Cada paixão humana, cada estado e cada experiência tem seu tempo e ritmo."[58] A força do ritmo atua de forma *direta e imediata* sobre o estado físico e psíquico, que influencia o domínio dos músculos e se expressa externamente em todo o aparato físico. O mestre, tomado de um entusiasmo juvenil e contagiante, em consequência do valioso descobrimento sobre uma verdade já sabida, mas frequentemente esquecida, sentencia que:

> a correta medida das sílabas, palavras e toda a linguagem, dos movimentos e ações, seu ritmo preciso, possuem grande significado para uma vivência verdadeira, mas adverte sobre as duas faces do tempo-ritmo: Se o tempo-ritmo for corretamente tomado, o sentimento e a vivência corretos se criam por si só. Mas se for incorreto, então, da mesma forma, naqueles lugares do papel que os sentimentos e a vivência não forem corretos, só podem ser corrigidos se o tempo-ritmo for modificado[59].

58 Ibidem, p. 152.
59 Ibidem, p. 147.

É através da ação física, lógica e coerente, da ação da palavra e da comunicação a serviço de um objetivo que o ator consegue transmitir o tempo-ritmo e as coincidências rítmicas precisas em cena. Na música, são as notas que transmitem o ritmo, enquanto para os atores, segundo Stanislávski, as ações segmentadas em movimentos de diferentes medidas e durações e a linguagem formada por letras, sílabas e palavras, curtas ou longas, acentuadas ou não, são as que marcam o ritmo.

O mestre conduzia seus ensinamentos pela via técnica, do externo para o interno, até que o ator dominasse os diferentes ritmos e os gravasse em sua memória, onde se estabeleciam como um metrônomo interno que o ator carregava dentro de si, resultando que as ações e as palavras do papel fossem realizadas com a contagem interior, mental, do metrônomo próprio.

Para que o ator consiga uma gama diversificada de ritmos na partitura das ações físicas e das ações vocais, e possa atuar de forma produtiva e com um fim, esse processo exige, num segundo momento, a criação de visões internas, invenções da imaginação decorrentes das circunstâncias propostas. Num papel como o de Hamlet, para poder expressar o conflito, há a necessidade de coexistirem vários ritmos diferentes; para provocarem a luta interior de princípios opostos "diante de estados complexos, com linhas e correntes internas contraditórias, não é possível conseguir dar conta com um único tempo-ritmo. É necessária a combinação de vários"[60].

Stanislávski[61] propunha ao ator elaborar os ritmos em separado até dominá-los e só depois fundi-los. Exigia que o ator detectasse e fixasse os momentos de ênfase e que encontrasse em seu organismo "o metrônomo imaginário", ou seja, que tivesse a consciência do lugar, no corpo, onde ocorria o processo das pulsações do tempo-ritmo evidenciadas pelo movimento. Depois da constatação de que essas pulsações internas são sempre manifestas de maneira física, alternando

60 Ibidem, p. 163.
61 Ibidem, p. 158.

a mobilidade com a imobilidade como forma de conhecimento consciente, o ator deve justificá-las com as circunstâncias presentes, pois são elas que servem de apoio para a velocidade e a medida corretas.

Ruffini, em seu texto sobre o elemento tempo-ritmo do "sistema" de Stanislávski, afirma que se trata de um estudo sobre a música, sendo esta uma arte que compreende poesia e dança, conforme a acepção da antiga Grécia, a qual o mestre percebeu que levaria à "grande música", ou seja, à ação interior, a de um sentimento verdadeiro:

> Para suscitar sentimentos verdadeiros, será necessário falar e agir em forma de poesia e de dança, respectivamente. O objetivo do ator de Stanislávski permanece sempre o mesmo: dar expressão sensível aos sentimentos verdadeiros, para isso serve a revivência. Aquilo que muda, agora, é a via para despertá-los: a ação sobre os sentimentos não é mais a via psicotécnica, mas o tempo-ritmo justo. Ou seja, por meio da poesia e da dança: compreendidas na música.[62]

Segundo José A. Sánchez (1963), a necessidade de utilização de formas equivalentes à música, sejam sonoras ou imagéticas, na arte teatral, surge da desconfiança com a palavra. Isso se dá, sobretudo, nas produções simbolistas, quando Edward Gordon Craig (1872-1966) pensava o drama como "uma construção mediante a ação, a linha, a cor e o ritmo". Assim, a música se converte em "guia das demais artes", e o conceito de partitura passa a ser sinônimo de *dramaturgia*, sendo que Stanislávski é considerado o primeiro a utilizar o termo partitura tanto para a arte do ator quanto para a composição cênica: "estas partituras respondem a diversos conceitos da 'música cênica'"[63].

62 F. Ruffini, *Stanislavskij: Dal lavoro dell'attore al lavoro su di sé*, p. 74.

63 J.A.Sánchez, *Dramaturgias de la Imagen*, p. 29. José A. Sánchez, doutor em Filosofia e Ciências da Educação pela Universidade de Murcia, é professor do Departamento de História da Arte na Faculdade de Belas Artes de Cuenca, Universidade de Castilla – La Mancha, Espanha.

Enumeramos, a seguir, as descobertas valiosas e revolucionárias a que Stanislávski chegou – e, mais tarde, sua discípula direta Maria Knebel – sobre o tempo-ritmo para a finalidade da criação, as quais foram incorporadas à psicotécnica do ator, à criação do papel e à composição do espetáculo, segundo Kokórin[64]: o tempo-ritmo ajuda a chegar ao momento dramático mais agudo e a realizar as valorizações e as passagens de um acontecimento a outro; determina as circunstâncias propostas e o modo de atuação, que se encontram intimamente relacionados entre si, sendo que as circunstâncias propostas evocam o tempo-ritmo, e este faz pensar nas circunstâncias propostas; cria o sentimento e a vivência de forma orgânica; desperta a memória emotiva, atua sobre os sentimentos e estimula a si mesmo, gerando o estímulo interno; faz reviver as sensações de uma experiência passada, desperta as lembranças e recordações visuais; qualquer situação da vida possui seu tempo-ritmo correspondente; o tempo-ritmo da vida do ser humano muda constantemente e está na dependência da mudança das circunstâncias propostas, da sua influência sobre o ser humano; o tempo-ritmo da obra é o tempo-ritmo da linha transversal de ação e do subtexto; o tempo-ritmo encontra-se em dependência direta da correta valorização das circunstâncias propostas, dos acontecimentos da obra e do superobjetivo do autor; quanto mais complexas as circunstâncias da obra, do papel, mais difícil e complexo é o tempo-ritmo; possui ligação orgânica com o caráter da personagem, com seu subtexto, com o segundo plano, com o monólogo interno; a apreensão correta do tempo-ritmo ajuda o ator a evocar o sentimento verdadeiro, mantendo-o e contribuindo de forma mais plena para a sua expressão.

Stanislávski comprovou, na prática, outras relações do tempo-ritmo com o sentimento, e observou que: para que o tempo-ritmo exerça a sua força nas lembranças e nos sentimentos, é necessário que o ator crie imagens, representações mentais das visualizações correspondentes às circunstâncias propostas, e que tenha ações e

64 A.K. Kokórin, *Vam Priviet ot Stanislávskovo*, p. 187-188.

objetivos definidos; o ator, quando está imerso em determinada situação com as circunstâncias propostas, deve pensar no que ocorre e de que modo ocorre, para então obter a representação do tempo-ritmo, pois ele tem que corresponder àquilo que está ocorrendo; o tempo-ritmo é necessário não por si só, mas ligado às circunstâncias propostas que criam o estado de ânimo relativo à própria essência interior; ele encerra não somente as qualidades externas, que influem diretamente sobre a natureza do ator, mas também o conteúdo interior que nutre o sentimento; a atmosfera criada pelo tempo-ritmo sugere novas circunstâncias e novos sentimentos, estados de ânimo que sugerem novas situações, tudo dependendo do aumento ou retardo do ritmo.

O tempo-ritmo é o alargamento, e o coroamento, do objetivo do "sistema", que busca a fusão harmônica total da ação física com a psíquica, na qual o ator cria por si só a música, internamente, a partir do corpo que vive e da alma que passa a crer. Há, nesse processo, a necessidade do estabelecimento da segunda natureza, ou seja, da plena organicidade na arte do ator.

As Últimas Experiências de Stanislávski Com o Método

O tema fundamental de nosso estúdio: "estudar-estudar". O teatro ou ergue o ser humano ou o corrompe. Aquele que pensa que ele já não tem mais nada a estudar, que já alcançou tudo, este não tem lugar no estúdio.

K. STANISLÁVSKI, *Stanislávski Repetíruet.*

1. O Estúdio de Ópera e Arte Dramática

Esta apresentação é uma ideia-síntese da introdução de Irina Vinográdskaia aos estenogramas do Estúdio de Ópera e Arte Dramática[1], contidos na obra *Stanislávski Ensaiando,* registros realizados no referido estúdio. Neles, destaca-se, sobretudo,

1 Em 1918 Stanislávski criou o Estúdio de Ópera que, inicialmente estava ligado ao teatro Bolshoi. Em 1920 o Estúdio tornou-se independente e em 1924 foi-lhe outorgado o nome de Estúdio de Ópera K.S. Stanislávski. Em 1926 foi convertido em Teatro-Estúdio de Ópera Stanislávski. Em 1928, passou a chamar-se Teatro de Ópera Stanislávski. Em 1941 fundiu-se com o Teatro Musical V.I.Nemiróvich-Dânchenko, sendo denominado Teatro Musical dos artistas do povo da URSS, K.S.Stanislávski e V.I. Nemiróvich-Dânchenko.

a nova metodologia de Stanislávski, ou seja, o método das ações físicas na construção do papel, desenvolvido na prática com os estudantes. Esse foi o último laboratório experimental em que Stanislávski realizou suas pesquisas na esfera das ações físicas, de 1935 a 1938. As aulas foram ministradas na pequena cena do TAM, na rua Górki, e em outros espaços, até mesmo na casa de Stanislávski, situada na travessa Leontiévski. Após sua morte, quem assumiu o estúdio, ao longo de nove anos, foi M.N. Kédrov (1893-1972), um dos estudantes prediletos de Stanislávski.

Os atores do TAM, que foram pedagogos-assistentes de Stanislávski no estúdio, estudaram com ele o "sistema", pois, além de terem participado de diferentes estúdios, também se preparavam para ensinar. "O Estúdio de Ópera e Arte Dramática foi uma instituição superior de estudos teatrais, com alta qualificação do corpo de professores e com alta e qualificada formação pedagógica da atividade teatral e musical."[2]

No estúdio, eram ensinadas todas as disciplinas práticas e teóricas que faziam parte do programa pedagógico criado por Stanislávski, que estabelecia a orientação das investigações empreendidas por ele e tinha como objetivo a educação de um novo tipo de ator – "cidadão, indivíduo e artista de alta categoria, com livre domínio das últimas conquistas obtidas com o 'sistema'"[3].

Esses professores-assistentes ensinavam *études* para a arte do ator, rítmica, plasticidade do movimento cênico, dança, acrobacia, palavra cênica, colocação da voz, dicção e correção de defeitos vocais, canto, domínio da música com pianista e compositor, história do teatro, literatura e pintura, entre outras. Todas as disciplinas referentes à especificidade teatral eram orientadas por Stanislávski, que acompanhava também as orientações da parte musical, em que aproveitava todas as oportunidades para destacar a importância da cultura musical, do tempo-ritmo da ação e da ação da palavra cênica.

2 *Stanislávski Repetíruet*, p. 431.
3 Ibidem.

> A presença da atividade dramática e de ópera num único estúdio não foi casual, pois para ele isso possui significado fundamental e profundo sentido. Stanislávski acumulou imensa experiência com o trabalho no teatro dramático e no operístico, e considerou que ambos os tipos de arte podem e devem enriquecer um ao outro.[4]

O mestre afirmava que o cantor, além de dominar a música e o canto, devia dominar a arte do ator. Por sua vez, o ator dramático não poderia se desenvolver totalmente sem os fundamentos da cultura musical, sem a assimilação da prática e da disciplina musical.

A ética e a disciplina ocuparam lugar importante nas aulas de Stanislávski, que as considerava determinantes da qualidade do trabalho no coletivo e da própria estética. Esta encontra-se estreitamente vinculada à posição do artista como pessoa, ao seu super-superobjetivo, à sua capacidade de criar e viver como um único organismo, que é o que possibilita criar a esfera espiritual no trabalho criativo.

Essa exigência levava o artista à necessidade de autoeducação e aperfeiçoamento pessoal numa superação constante de si mesmo, não somente na especificidade teatral, mas no domínio do conhecimento humano, da cultura e da arte em geral. Para conseguir personificar as grandes ideias, o ator deve possuir um nível intelectual elevado, ter a capacidade de reflexão de grandes pensamentos, sentimentos e ter gosto apurado. Para poder realizar uma nova forma artística e criar em cena a vida humana, ajudando, assim, a transformar a vida e as pessoas com a sua arte, o ator tem que se envolver organicamente com a sua época e responder aos problemas da existência humana da vida dessa época. "Para Stanislávski, ética não é somente uma importante parte do método das ações físicas criado, é o seu sustentáculo, a sua alma, o seu fundamento. O ator distante do princípio ético-moral, propõe Stanislávski, não pode criar pelo método das ações físicas."[5]

4 Ibidem.
5 Ibidem, p. 434.

Stanislávski, nesse período, dedicou muito tempo ao seu teatro de ópera, constituindo-se este em sua maior preocupação, e trabalhou intensamente com os estudantes do estúdio. Dirigiu ensaios e encenou inúmeras óperas, não só clássicas, mas do repertório moderno soviético. Em 1935, no TAM, trabalhou com os atores, ensaiando *Molière*, de Mikhail Bulgákov (1891-1940), e trabalhou com *Tartufo*, de Molière, em 1937-1938, aplicando seu último método. Também nesse período deu conferências sobre as últimas investigações, escreveu artigos sobre o "sistema", além de terminar de escrever a segunda parte do livro *O Trabalho do Ator Sobre Si Mesmo*.

No estúdio, o próprio mestre se ocupava de iniciar os estudantes no processo criativo e despertar neles a independência artística, com a aplicação de exercícios chamados "*toalete* do ator" e dos *études* realizados por meio da ação física com objetos imaginários. O mestre exigia que o estudante-ator fosse independente na criação dos *études*, que, ao serem mostrados, passariam por uma minuciosa análise, em que eram apontados todos os seus pontos insuficientes e suficientes. Além da avaliação do trabalho, esclarecia o significado de cada exercício aplicado no processo de ensino do ator. Neste período, Stanislávski também se dedicou, com muita ênfase, à palavra cênica e às aulas de tempo-ritmo.

A fixação do material de ensaios realizados no Estúdio de Ópera e Arte Dramática e dos ensaios nos últimos anos de Stanislávski com os atores do TAM possibilita, hoje, dominar e entender os preceitos práticos do seu "sistema".

Na última etapa de seu trabalho, há o estabelecimento e a exigência da realização de uma linha de ação interna e externa ininterrupta do papel, criada com lógica e coerência absolutas na ação, que conduz o processo de comunicação na cena. Todos os elementos do "sistema", considerados inseparáveis um do outro, também passaram a fazer parte do processo unitário da criação, e eram trabalhados em situações concretas, nos *études*, na dependência das respectivas circunstâncias propostas e do nível de desenvolvimento em que o ator se encontrava, recebendo maior ou menor significado. "Todos os elementos do 'sistema' estão ligados entre si e ajudam a criar a principal artéria do papel."[6]

Na concretização do processo de criação, Stanislávski não intervinha na esfera da individualidade do ator, mas procurava, pela improvisação, alcançar o fortalecimento da linha da ação interna, sem que houvesse uma preocupação com a *mise-en-scène*, para só mais tarde chegar aos momentos artísticos desejados. Supunha que o ator tinha que possuir uma firme linha interna, inquebrantável, ligada à linha transversal de ação e ao superobjetivo do papel, do *étude* ou do espetáculo.

> A única linha que em vocês permanece inabalável é a linha da ação interna [...] diante disso, vocês não devem demorar muito tempo em alguma *mise-en-scène*, mas somente, como vejo agora, no que estão presos nesse momento, e transmitam-no. [...] Eu, propositadamente, desnortearei, confundirei a *mise-en-scène* de vocês para fortalecer a ação interna.[7]

A ação física é o fundamento concreto com o qual o ator dá início à criação e através dela é gerada a ação interna, obtendo assim, nesse processo, o comportamento orgânico nas circunstâncias propostas. Stanislávski esteve sempre preocupado com a verdadeira ação do ator: "Com que ações vocês podem explicar a elas – as personagens? Correr para alguém ainda não é a expressão de uma ação. Correr não quer dizer chamar a atenção. Para atrair a atenção do *partner* eu preciso ver o seu trabalho interno, e não o trabalho das suas pernas."[8]

O ator-cantor devia entender que ação o compositor tinha em mente quando escreveu a partitura para obter a ação física e poder agir a partir da música, e só depois dizer o texto, gerando, dessa forma, a vida em cena. O processo necessário era, primeiro, a lógica

6 Ibidem, p. 435.
7 *Stanislávski Repetíruet*, p. 436.
8 Ibidem, p. 437.

da ação, seguida da música, por último, a palavra. A voz correta é consequência da linha da ação e da música corretas.

Stanislávski atribui grande significado, na criação artística, ao estado de espírito geral do ator em cena, ao processo de comunicação, à interação do ator com o *partner* e com o meio circundante. Dizia que na verdadeira comunicação se dá o "engate", em que se estabelece uma luta com o *partner*, da qual participam todos os elementos do "sistema": atenção, vontade, ação interna e externa, percepção, sentimento da verdade, crença nesse sentimento etc. Solicitava aos alunos-atores ter "garras", possuir a capacidade de entrelaçamento com o objeto, pegar algo dele. O elemento da verdadeira comunicação é aquele que assegura o conjunto e a inteireza do futuro espetáculo.

Para poder dominar o verdadeiro processo instantâneo da comunicação cênica, é necessário que o ator leve em conta exatamente o seu estado de hoje, e o do *partner*. O movimento da própria vida, sempre renovado, deve ser incorporado a qualquer atividade criativa, nos exercícios, ensaios e espetáculos. "A fonte da experiência da vida é inesgotável. Se o ator não contar com a natureza orgânica, a capacidade dele chegará a um ou dois espetáculos, e, depois, será repetição, clichês, o motor do hábito – tagarelar palavras de cor, fazer movimentos musculares costumeiros."[9]

Vinográdskaia reafirma a importância do ator de manter-se conectado com a vida para a sua arte:

> Não interromper a ligação do ator, ser humano, com a vida – não com a vida em geral, mas com a realidade concreta de hoje, o que exige evitar especificamente que o ator atue estados anímicos em cena – e procurar criar o estado humano orgânico ligado com a vida real, ainda que provocando a invenção imaginativa: essa é a pedra angular do sistema, a qual constitui a sua garantia de estar sempre vivo e atual. Stanislávski nunca

9 Ibidem, p. 438.

> identificou a vida cênica com o nosso cotidiano da vida real. Mas o "diapasão da vida", pela expressão de Stanislávski, deve sempre ser percebido pelo ator, e essa amplitude pode colorir todo o papel de forma nova.[10]

Stanislávski impunha altas exigências para a técnica externa do ator, no desenvolvimento e colocação da voz, na plasticidade e no domínio do corpo. O ator deve não somente possuir sentimentos, sensibilizar-se, mas contagiar os outros com os seus sentimentos, com a sua verdade. Sua ação deve ser convincente e contagiante para o espectador, possuir encanto cênico, o que só é possível se tiver o domínio profundo e sutil de seu aparato. Como diretor pedagogo, foi muito criterioso e severo com os estudantes, em relação às formas buriladas, e preocupado com a expressão cênica externa: "Qual clássico vocês podem representar, se possuem deficiências nos treinos do aparato físico? Vocês podem ter uma linha interna maravilhosa, mas não se apresentar na cena com insuficiências na técnica externa. [...] Esforcem-se para que seu corpo seja elástico, belo, plástico."[11]

Entendia que as aulas de dança, voz, dicção, rítmica, acrobacia poderiam dar somente fundamentos, direcionar o trabalho do ator, mas o principal treino diário devia ser feito em casa, pela manhã, no momento de descanso, do passeio, antes do sono e em cada minuto livre. Os estudantes, independentemente, devem estudar, exercitar as ações com objetos imaginários, constantemente treinar a sua atenção, o seu aparato físico.

Na arte das vivências, a qual Stanislávski professou, é inconcebível a existência do ator sem o domínio da técnica, sem o sentimento de estilo e forma e sem a capacidade de utilizá-los. Stanislávski queria que o ator experimentasse a alegria da total liberdade nos movimentos, sentisse o ritmo, percebesse a sua plasticidade e tivesse o domínio da voz. Exigia que os estudantes dominassem todos os

10 Ibidem, p. 438.
11 *Stanislávski Repetíruet*, p. 439.

elementos do "sistema", mediante um treino constante, com base nas aulas práticas estimuladas pelos professores.

No museu do TAM, existem 48 estenogramas de aulas e palestras de Stanislávski no Estúdio de Ópera e Arte Dramática. Para a publicação *Stanislávski Ensaiando* foram escolhidos alguns estenogramas, nos quais encontram-se reflexões e exigências gerais de Stanislávski, apresentações aos atores de sua escola para o trabalho sobre os exercícios, *études*, "*toalete* do ator", sobre o coletivo, como também perguntas sobre ética teatral, disciplina, o debate dos dois primeiros atos de *As Três Irmãs* e os estenogramas sobre o trabalho de *Hamlet:*

> Os estenogramas não abrangem a representação total sobre aquilo que acontecia nas aulas. Os estenogramas escritos são esquemáticos; por eles, absolutamente, nem sempre é possível captarem o sentido dessa ou daquela frase ou parágrafo. Muitos exemplos que Stanislávski trouxe de sua vida pessoal na arte não são decifrados, mas somente referidos. Por isso, para sua publicação, os estenogramas foram submetidos a algumas redações, facilitando o entendimento da essência do acontecido. [...] Na realidade, as aulas de Stanislávski sempre foram vivas e festivas, frequentemente inesperadas para os estudantes. Ele entusiasmava os alunos e si próprio.[12]

Nos estenogramas das aulas de Stanislávski, consta o trabalho orientado por ele sobre a tragédia *Hamlet*. Ele mesmo ocupou-se com a principal imagem cênica, e determinou a linha transversal do papel de Hamlet. O mestre permitiu que a estudante Irina Rósanova, por insistência própria, trabalhasse no papel da personagem principal. Ela distinguia-se pelo seu temperamento forte e elevada emoção. Stanislávski ocupou-se muito com a cena do Fantasma, pois entendia ser o momento de mudança radical em toda a tragédia.

Para a presente tradução, selecionamos apenas as aulas sobre *Hamlet*.

12 Ibidem, p. 441.

2. Tradução dos Estenogramas das Aulas-Ensaios Sobre o Papel de Hamlet[13]

21 de Abril de 1937

KONSTANTIN STANISLÁVSKI: Então, falem, o que vocês conseguiram?

VIÁKHIREVA (PROFESSOR-ASSISTENTE): O senhor nos deu *Hamlet*. Eu comecei o trabalho com o que contei aos estudantes: o conteúdo da peça; dividi o segundo ato pelos fatos e fiz com que cada um deles mostrasse o seu exercício preliminar a partir do momento da morte do rei. Depois, pedi que cada um escrevesse a linha física do papel.

(*K.S. solicita que leiam a linha física do papel de Hamlet. Rósanova a lê.*)

K.S.: Vocês percebem que aqui houve ações inconscientes de *Hamlet,* as quais vocês misturaram com as conscientes? Mas é necessário ser muito mais simples. Qual é a tarefa de vocês aqui?

RÓSANOVA: Entender o que está acontecendo.

K.S.: Muito bem, eu preciso entender, observar... O que vocês devem fazer para isso nas atuais circunstâncias propostas? Vejam que vocês têm circunstâncias propostas concretas: eu viajei por muito tempo, quando cheguei, vi que tudo mudou. O pai havia morrido e a mãe casara-se com outro. Na mãe, você encontrou outra pessoa – outra mulher – alegre e coquete. O que vocês fariam, nesse caso?

RÓSANOVA: Eu perguntaria à mãe sobre a razão de tais mudanças.

K.S.: Muito bem, mas vocês não têm a possibilidade de falar com a mãe, o que fariam nesse caso?

RÓSANOVA: Eu seguiria os seus passos e a observaria.

K.S.: Então, escrevam essas ações. Anotem: observar. A palavra "observar" significa uma única ação ou muitas?

13 IIbidem, p. 455-462. As traduções dos trechos a seguir dessa obra são todas de nossa autoria. As seis notas de Vinográdskaia vêm explicitamente referidas como tal. Agradecemos ao Teatro de Arte de Moscou pela permissão de reproduzir o texto.

TODOS: Muitas.

K.S.: Então, dividam esta ação em suas partes integrantes. A arte não pode ser "em geral" – ela é sempre concreta. O que vocês fariam para entender a metamorfose que ocorreu com sua mãe? Eu levo vocês do plano do ator para a real esfera humana.

Expliquem-me: como cada um de vocês agiria, baseado na experiência pessoal, para compreender o que está acontecendo com sua mãe? Fale, o que você deve fazer para responder a essa pergunta? Que processo está acontecendo em sua alma?

RÓSANOVA: Um processo de perplexidade. Eu não entendo o que acontece com a mãe de Hamlet.

K.S.: Não há nenhum Hamlet, somente você! Passe tudo para você. Pode imaginar, por exemplo, que a sua vizinha é a sua mãe?

RÓSANOVA: Posso imaginar minha mãe real?

K.S.: Por favor, que seja a sua verdadeira mãe. Vá pela sua memória emocional. O que você necessita fazer para entender essa situação?

RÓSANOVA: Eu observo a minha mãe para saber por que ela se comporta de tal forma.

K.S.: Apenas isso?! Imaginem: você volta, esperando ver a sua mãe de luto e em lágrimas, e, de repente, no lugar disso, encontra-a alegre e, além disso, casada com um canalha, vil. Para isso, escolha em sua vida a pessoa mais desagradável para você e imagine-a ao lado de sua mãe. O que você faria nesse caso?

RÓSANOVA: Eu sentiria ciúme.

K.S.: Sente-se e sinta ciúme. Isso é possível?

RÓSANOVA: Não, não posso.

K.S.: Ciúme é resultado de muitas ações. Por exemplo, *Otelo*. No resultado de toda a peça fica claro que Otelo tem ciúme. Que processo acontece em você quando olha a sua mãe?

(*Rósanova está pensando*)

AFANÁSSIEV: Eu tenho que reavivar a imagem de minha mãe pela memória emocional. Como ela era antes?

(*K.S. continua em silêncio*)

PIÁTNITSKAIA: A mãe mudou, ela é totalmente outra, ela se relaciona comigo de forma diferente, eu sinto isso.

K.S.: Vocês todos falam comigo na língua do resultado, mas eu necessito que vocês falem na língua da ação.

CHUR: Observo a mãe e vejo que ela mudou. Olho para o rei e os comparo.

K.S. (*para Rósanova*): O que você irá fazer?

RÓSANOVA: Lembrarei de minha mãe. Minha mãe era tão carinhosa! Como ela servia chá para o meu pai, como ela era atenciosa com ele!

K.S.: Correto, isso em você são quadros separados, visualizações separadas. Agora, com base nas memórias emocionais de sua vida, faça-me um grande quadro. No grande quadro, inclua: a mãe afetuosa, que ama você, ama o marido, imagine-a no dormitório, e de repente... o quadro é totalmente outro: você vê sua mãe casada, e ainda com um miserável! Ela está alegre e contente.

RÓSANOVA: Isso tudo existe em mim, de passagem.

K.S.: Isso tudo não deve ser imaginado passageiramente. Você deve imaginar nitidamente toda a vida, desde criança até a morte do pai. De que ela pode se compor? Ela armazena-se de suas lembranças emocionais, de pequenos episódios os quais para você são especialmente caros. Conecte esses fatos e entrelace-os nessa vida. Imaginem, através das visualizações, tudo: até pequenos detalhes, tudo o que é caro a vocês. Mas esse quadro não deve ser passageiro: você deve pormenorizar e aprofundar a vida inteira. Bom seria arranjar aquele livro dourado e com letras de ouro e escrever nele seus papéis. Esse material é que não tem preço. Esse material é para os seus futuros papéis. Vocês devem juntá-lo a vida toda.

A primeira condição artística é a seguinte: assim que eu recebi o papel, por exemplo, Hamlet, doravante Hamlet – já não existe mais separado de mim. Existo eu, nas circunstâncias propostas de *Hamlet*. Tudo vocês captem das suas lembranças emocionais.

RÓSANOVA: Mas será que eu necessito imaginar o que estudei em Vittenberg?

K.S.: Veja, você estudou! Assim, imagine-se na tal instituição em que você estudou. Mas, pode ser que você tenha uma ideia sobre Vittenberg? Apesar de ser fantástica, criada somente por você e entendida somente por você? Então, junte-a! Se eu ler sua linha, eu confundo você, por isso, eu quero que você pegue tudo de suas lembranças emocionais. Eu não quero oferecer nada a vocês.

CHUR: Vamos imaginar, Konstantin Serguiêievitch, que eu realizei todas essas ações, e começo a sobrepor nelas o texto da peça, mas ele não coincide com as minhas ações.

K.S.: Você sabe a natureza da ação, a sua estrutura. E, se a estudar, você pode fazê-la em todas as circunstâncias propostas e em qualquer ordem. Por exemplo, a verdade e a lógica de se vestir, para vocês, são conhecidas, vocês se acostumaram com elas. Imaginem que vocês levaram essa ação até o fim, estudaram-na e me falam: "Agora, eu vou representar esta ação para o senhor."

Hoje é feriado, não estou apressado para ir a lugar nenhum, eu levanto e começo a me vestir. O processo de se vestir está sendo estudado há tanto tempo que vocês se vestem inconscientemente. Assim, não atrapalha os pensamentos que chegam a vocês. Querem ler um livro, leiam. Amanhã, vocês não gostariam mais de ler o livro – não o leiam. Pode ser mais pálido, mas de qualquer forma, uma nova ação é mais valiosa do que a de ontem. Adiante, você muda as circunstâncias propostas: "Hoje eu me atrasei para a escola e por isso me apresso." Eu devo executar todas as ações físicas de me vestir, não suprimir nada, mas, agora, em cinco minutos.

Na próxima etapa, pode ser de incêndio, pânico. Falem abertamente: vocês entendem isso? Falem caso não entendam algo.

GUÍNZBURG: No primeiro ano de estudos, falaram-nos que o ator, terminando o espetáculo, deve ir para a sua casa e lavar das paletas todas as suas adaptações. É necessário saber o que eu fiz, mas, absolutamente, não é necessário saber como eu fiz: descrevendo as ações físicas, eu descreverei como eu ajo.

K.S.: Para que descrever o *como*? Vocês descrevam o *que* vocês vão fazer. Se vocês vão se cuidar, então, assim será – o que eu posso fazer? Não é necessário descrever *como* eu farei. Esse *como* cada vez mudará, ele assumirá forma nova, a forma de hoje. E é bom, se ele puder mudar.

CHUR: Eu entendi que o senhor quer que possamos, em cada estado de espírito, dividi-lo em ações físicas simples.

K.S.: Se aparecesse tal ator que com profundidade realizasse o trabalho, imbuído de todos os sentimentos humanos, esse seria o ator ideal. No final das contas, a natureza dos sentimentos é a mesma, mas, neles, inevitavelmente, deve haver lógica. A lógica dos sentimentos é uma característica de toda obra genial. Indo para o papel, nós encontramos lá os sentimentos, a natureza e as ações físicas que para nós são conhecidas. E, aqui, vemos que a ação física coincide com o texto, quase com a mesma coerência de pensamento. Eu procuro o papel em vocês e, para que vocês entendam a lógica de dada pessoa, obrigo vocês a fazerem as ações mais simples.

Assim, o que eu farei para entender os atos de minha mãe?

VIÁKHIREVA: O mais difícil: agir a partir de si mesmo! Quando os estudantes sentam, eu sinto que pensam como se fossem outra coisa, mas não como eles mesmos.

K.S.: Mas, na vida, por acaso é difícil para você agir a partir da própria pessoa?

CHUR: Mas será que eu faço corretamente? Imaginariamente, de mim sai uma pessoa, como se fosse o meu segundo "eu", e eu vejo como este homenzinho age. Vejo-o andar, cumprimentar alguém, perguntar sobre algo, mas sei também que, simultaneamente, esse sou eu mesmo.

K.S.: E você copia a si mesmo? Isso é representação pura. Assim fazia Coquelin[14]. Coquelin contava como ele trabalhava: "Eu vejo a imagem de Tartufo, eu visto nele a roupa de Tartufo e, em pensamento, escolho para ele a maquiagem. O Tartufo está pronto,

14 B.C. Coquelin (1841-1909), ator francês.

eu entro em cena, e o copio." Mas Coquelin foi um homem genial e dominava essa técnica perfeitamente; nós podemos amar e admirar essa técnica, mas acreditar em Coquelin não podemos. Vocês aplaudiriam depois do espetáculo, mas, assim que saíssem do teatro, esqueceriam Coquelin e Tartufo.

Tenham medo disso como do fogo. Isso cria o clichê vulgar. Copiar não é arte. Façam sempre e tudo a partir de seu nome, perguntem-se sempre: como eu faria hoje, nas circunstâncias propostas, isto e aquilo.

CHUR: As ações físicas são adaptação?

K.S.: As ações físicas são ações físicas, mas elas necessitam de adaptações. Por exemplo, nós temos uma ação física – adular; a adaptação para ela deve ser acariciar, pegar pela barba etc.

Jamais pensem na adaptação, no ajustamento. A adaptação pensada é um truque, um clichê. Na peça *Todo Esperto Tem Seu Dia de Bobo*[15], é muito fácil se enganar. Ela é toda feita nas adaptações. Uma pessoa sempre está sentada, desenhando, outra sempre dá conselhos. O que há de horrível nisso? É importante que as adaptações não se transformem no objetivo.

GUÍNZBURG: Esta é minha tarefa – sou uma figura simpática, ou não?

K.S.: Esta é a sua ação.

GUÍNZBURG: Eu toco na sua mão, acaricio.

K.S.: Essas são suas adaptações e não devem ser fixadas. Este é o novo método e vocês devem entender.

(*para Rósanova*): O que assusta você, em *Hamlet*? Você tem que comparar sua mãe: como ela era antes e como ficou agora. Onde está, aqui, a ação física? Essa comparação será a ação física, apesar de ser mental. Em nossa arte, isso é invenção da imaginação.

Vejam, na visão há ação. Nesta ação interna, haverá ação física, porque ela nos dá o impulso – o sinal para ação –, mas, para nós, é importante despertar essa chamada. Se isso for estudado e a ação pensada, nós vamos provocar o truque.

15 Peça de A.N. Ostróvski (1823-1886).

CHUR: Eu quero esclarecer: nós estamos fazendo corretamente? Vamos supor que eu vou até os pais de minha noiva para esclarecer se ela vai continuar sendo minha noiva ou não, e me deparo com o escândalo. O que eu tenho que contar? Que eu abro a porta, observo a sala, entro, fecho a porta, viro a cabeça para um e para outro lado?

K.S.: Não, você não deve fixar isso, que você vira a cabeça para um ou para outro lado, mas que, ao defrontar-se com o escândalo, com um obstáculo inesperado, você demonstra que não percebe esse escândalo, isso é o que você deve fixar.

Na vida, há ações físicas grosseiras, mas eu não vou incluí-las, sobre elas é necessário falar em separado. Imagine que você arruma o quarto. Diante de quais circunstâncias propostas você não o arrumaria como sempre? Todas as ações de limpeza você necessita obrigatoriamente fazer, e elas sempre serão aproximadamente iguais. Pois, não é assim?

PIÁTNITSKAIA: Se, por exemplo, estou limpando uma simples mesa e necessito tirar o pó dela, colocar em ordem as coisas que estão sobre ela, então, eu limpo cada objeto. Mas, se essa mesa pertencesse à mãe morta, cara para mim pela lembrança, eu a limparia totalmente de outra forma?

K.S.: A ação física será igual a de sempre, você não poderá fazê-lo de outra forma. Você limpa o pó e coloca os objetos no lugar, mas a sua relação com eles será diferente.

PIÁTNITSKAIA: Mas como eu posso expressar relação com essa mesa?

K.S.: Realizem ações físicas nas circunstâncias propostas e não pensem sobre quais sentimentos elas devem despertar em vocês. Façam com verdade e lógica, façam assim como vocês as fariam hoje, no estado de ânimo de hoje, contando com todas as complexas casuais do dia de hoje. Lembrem que tudo isso tem uma grande importância. Agindo logicamente no dia de hoje, vocês nem percebem como chegam aos sentimentos corretos.

Pois os sentimentos não podem ser fixados e, por isso, eu procuro somente aquilo que é possível fixar, e isso será uma ação física.

GUÍNZBURG: Tudo isso é maravilhoso, mas o que exatamente eu necessito descrever nesse livro? Pois um faz uma coisa, e outro faz outra.

K.S.: Lembrem que esse livro é somente para vocês! Se eu pegar esse livro, não vou entender nada o que há nele, porque eu tenho o próprio livro, conveniente com a minha individualidade. Lembrem o que é mais importante: despertar no ator o impulso para a ação. (*para os estudantes*): E vocês devem acumular em si esses sinais e começar a agir somente quando sentem que já não suportam mais. Comecem a agir, refletindo sentados sobre as mãos. Vocês podem me pedir que dê a vocês a possibilidade de se moverem, mas eu não deixo que se movam, porque eu sei: entre seis de seus movimentos quatro estarão errados.

Se deixarmos vocês saírem daqui antes do tempo, vocês cairão no clichê. Dando liberdade a seus músculos, vocês imediatamente cairão no clichê.

Vocês devem realizar seu papel somente com ações físicas, pelas chamadas em direção a elas. Assim é a vontade do ser humano: como se fossem fios delicados, mas os músculos são cordas pesadas. Por acaso vocês podem com tais fios trincar as cordas (músculos) já treinadas no clichê? Mas se vocês, com esses fios delicados, entrelaçarem a corda, nada será mais forte do que essa corda; e, assim, vocês já não se assustam com os músculos, vocês os submeteram a si.

Nós vamos segurar vocês aqui em inércia externa até que, como o pinto, quebrem a casca do ovo com o próprio tamanho. Pois isso é sabido: se a casca do ovo com o pinto quebrar antes do tempo, ele morrerá. Mas quando o pinto alcançar tamanho normal, então, com o próprio corpo, quebrará a casca.

MARTIÁNOV: Konstantin Serguiêievitch, o que eu devo anotar? Hoje, por exemplo, a minha tarefa é mostrar-me carinhoso. Para isso, eu coloco a mão no ombro do parceiro, olho-o nos olhos; mas, pode ser que amanhã eu vá querer para a mesma tarefa fazer algo totalmente diferente?

K.S.: É necessário que vocês fixem as suas ações: lisonjear, mostrar-se carinhoso. Porque se mostrar carinhoso pode ser feito de mil maneiras. Enfim, da combinação de todas essas adaptações resulta, então, que vocês acariciaram.

Seria muito bom que cada vez que vocês acariciassem o fizessem de formas diferentes, novas, e não repetindo as antigas, adaptações já decoradas.

Eu já falei que não se deve ir pela adaptação. Acariciar é uma ação, mas as adaptações dessa ação serão de mil maneiras.

SOKOLOVA[16]: Kóstia, eles se confundem sobre como descrever, como fixar, quando é necessário fazer tudo toda vez de forma diferente?

K.S.: Vocês devem anotar somente as ações, e não devem fixar a adaptação.

GUÍNZBURG: Eu quero ler o que escrevi, para ver se está correta a ação do papel. (*lê, contando não somente ações, mas algumas adaptações*)

K.S.: Não está mal, mas eu escreveria disso somente as ações: "verificar a relação delas consigo mesmo" (aqui, pode ir "acariciar"). Segurar-se na rainha como atrás da "autoridade" – a partir disso, seguem todas as adaptações, as quais você necessita para isso. Esconder seu sentimento por Hamlet.

GUÍNZBURG: Para isso, Hamlet deve me olhar de tal maneira para que eu comece a esconder meus sentimentos por ele.

K.S: É claro, sempre é necessário orientar-se pelo *partner*, mas imagine-se em um caso tão infeliz que ele se apresente como um poste, com um rosto que não expressa nada. Você deve deixar de agir? Não. Você olhou para ele e ele não devolveu nada, mas se você tem uma lógica forte, utilize-a e não se desligue do papel. Você, pela lógica, sabe: se Hamlet olhasse para você, você teria que esconder seus sentimentos. Quer dizer, utilizem aqui o mágico "se" e a lógica.

16 Zinaída Serguêivna Alekséieva Sokolova (1865-1950), irmã de Stanislávski, pedagoga e diretora do Estúdio de Ópera Bolshoi e, mais tarde, do Teatro de Ópera Stanislávski. Trabalhou juntamente com Stanislávski na preparação de artistas pedagogos sobre o "sistema".

(*Piátnitskaia lê sua linha física do papel de Gertrudes, incluindo nela a situação, sua relação com o papel e as adaptações.*)

K.S.: Há, aqui, muita coisa supérflua, pois a sua principal tarefa é apresentar o marido de forma que o aceitem como rei.

PIÁTNITSKAIA: Sim, mas eu mesma devo fazer algo para que o aceitem.

K.S.: O que você fará para isso? Você, Olga Mikhailovna?

PIÁTNITSKAIA: Olho para todos. Pode ser, sorrio.

CHUR: É necessário chamar a atenção de todos para o rei.

K.S. (*para Piátnitskaia*): Vocês me falam de adaptações, mas eu necessito que me falem de ações. Apresentar o marido! E isso inclui muitas ações. Para que ele seja bem recebido, talvez você deva acariciar, lisonjear alguém, subornar, e tudo isso é formado por muitas ações e adaptações.

Você percebe que rica paleta tem aqui. Realize tudo isso e a sua tarefa estará cumprida.

VIÁKHIREVA: Konstantin Serguiêievitch, que o senhor não exige fixação das adaptações, isso está totalmente compreendido. Mas, vamos supor, os estudantes escreveram ações físicas. Enquanto nós agimos, sentados nas mãos [sobre as mãos], de onde eu, pedagogo, saberei com quais adaptações eles me revelam essas ações físicas?

Será necessário que eles me contem as adaptações, que me falem como, neste determinado caso, pretendem agir? Ou eles somente me falam como, em determinado fragmento, entendem a cena, e eu devo acreditar em suas palavras e ir adiante?

K.S.: Se você acredita que ele entende, então, siga em frente. Em seu lugar, eu perguntaria o que o estudante faria em tal caso. Em cada ação, é necessário olhar.

SKALÓVSKAIA: Eu estou trabalhando com a peça *Deslealdade e Amor*[17] e gostaria de, no meu material, saber como verificar, na prática, a linha da ação física de Vurm, no ponto em que ele chega ao Muller.

17 Ou *Intriga e Amor*, no original *Kabale und Liebe* (1784), peça de Friedrich Schiller (1759-1805).

K.S.: Quando o homem chega à casa onde acontece um bate-boca, um escândalo, o que ele deve fazer? Ele mostrará que não percebeu esse escândalo. Em primeiro lugar, ele olha tudo, quem discute com quem... Em segundo lugar, avalia se pode falar sobre seus interesses, então, surge a relação necessária entre determinadas pessoas, e surge a lógica da ação.

Imagine que você veio para cá, mas aqui há um escândalo. Talvez, o escândalo seja tamanho que você nem consegue falar, apenas fechar a porta e sair.

ESTUDANTE: Como o senhor falou que há *partner* cujo rosto não expressa nada, é necessário, assim mesmo, continuar em sua linha?

K.S.: Pode acontecer que vocês encontrem, na vida real, tal excêntrico, que nada expressa no rosto. Você, nesse caso, mesmo assim levará sua linha. Aqui, ajuda o mágico "se fosse".

SKALÓVSKAIA: Se, frequentemente, repetirem-se pequenas ações físicas, acumulam-se os clichês. Às vezes, queixam-se os estudantes disso. O que fazer nesses casos?

K.S.: Deixe que façam assim. Como diz Leonid Leonídov[18]: "Hoje, eu atuei o papel, peguei a esponja e limpei tudo; amanhã, devo buscar tudo de novo, já novamente pelo que acontece no dia de hoje".

AFANÁSSIEV: Quer dizer que tudo depende das circunstâncias propostas? Sempre devemos fazer de nova maneira?

K.S.: Se você sempre contar com as circunstâncias propostas e o *partner*, então, em você, obrigatoriamente, surgirão novas adaptações.

CHUR: O que se deve fazer no seguinte caso? Eu falo com o professor que aqui faço assim e assado, mas o professor responde-me que isso não é correto, que ele não faria assim. Dessa forma, ele me imporia algum ponto de vista seu.

K.S.: Eu não faria isso! Eu necessito que vocês se revelem no papel, para que encontrem a si mesmos no papel e o papel em si, mas, depois, com o tempo, colocaria circunstâncias propostas tais que obrigassem vocês a fazer diferente.

18 Leonid Leonídov (1873-1941), ator do TAM e de grande temperamento trágico.

VIÁKHIREVA: Konstantin Serguiêievitch, o que fazer quando os estudantes imaginam para si ações físicas somente por elas serem novas, e não velhas?

K.S.: Isso é ruim. Não é importante que essas ações físicas sejam velhas ou novas, mas elas, sempre, devem ser justificadas e lógicas.

PIÁTNISTKAIA: Mas como fazer em casos em que eu estudo minha tarefa e a mim parece que devo realizá-la de determinada forma, mas quando começo a executá-la ou contá-la, de repente, de modo totalmente inesperado, chegam outras adaptações?

K.S.: É exatamente aquilo que é o necessário.

GURKÓ: Em *As Três Irmãs*, eu estou sempre pensando e realizando ações físicas, e isso provoca resposta nos sentimentos.

K.S.: Vocês atuem corretamente. As ações físicas são necessárias somente para obrigar o nosso sentimento e o inconsciente a agir. Depois, as adaptações durante a criação deverão vir inconscientemente.

13 De Maio De 1937[19]

K.S. (*para Viákhireva*): Você vai dar a aula, e eu vou assistir. Depois falaremos.

(*A cena é do encontro de Hamlet com o Fantasma. Rósanova fala sobre a linha de seu papel.*)

K.S.: Muitas coisas não estão ruins, há coisas muito boas. Vamos analisar. (*para Rósanova*) Quando você pensa em Hamlet, o que fica em seu estado geral?

(*Rósanova fala de sua linha contínua, acrescentando seus sentimentos, sua fantasia.*)

K.S.: Aquilo que eu gostaria é bem mais simples. Você se antecipa na imagem e no sentimento, mas eu necessito tudo muito mais

19 *Stanislávski Repetíruet*, p. 455-462.

simples. Mostre-me o processo orgânico da espera. Como a pessoa espera alguma coisa? (*Rósanova analisa o momento da espera.*) O que vocês farão?

RÓSANOVA: Escutar.

K.S.: Você vai se orientar. Com o que a pessoa se orienta?

AFANÁSSIEV: Olharei.

K.S.: Com os olhos, ouvidos, consciência. E ainda com o quê?

AFANÁSSIEV: Com a imaginação.

(*Rósanova fala que, na imaginação dela, passam algumas mães, entre as quais ela não consegue escolher uma. K.S. esclarece que essas mães imaginadas, mas não visualizadas, não são conhecidas na vida dela.*)

K.S.: Sempre peguem o seu *partner* (*no presente caso, Olia Piátnitskaia*) tal qual ele é hoje. De vocês, eu só preciso isto: vocês voltaram para casa e encontraram sua mãe, não chorando, mas alegre e casada com um canalha. Você quer entender o que está acontecendo com ela. Eu não necessito de mais nada. Aqui, eu os interrompo e pergunto: o que significa entender, o que é necessário fazer para isso?

RÓSANOVA: Eu não sei como ela é: meiga ou perversa?

K.S.: Você fala sobre o papel, mas eu necessito falar sobre a natureza humana. Isso é bem mais fácil, tão simples como se nada fosse preciso fazer.

Imaginemos que, na sala, entrou uma pessoa estranha, um estrangeiro de farda. Você quer entender para que ele veio. Ele andou entre as pessoas e foi embora sem dizer uma única palavra. O que você, organicamente, vai fazer para saber por que esse homem veio?

RÓSANOVA: Eu olho para a mãe, mas ela não me olha, ou olha alegremente, mas não triste. Como eu devo atuar, triste ou alegre?

K.S.: Assim, você já entra na esfera do subconsciente. Eu não necessito disso. Você começa a representar o resultado. Hoje, a mãe está de tal jeito, e eu devo agir assim; amanhã, pode ser diferente. Ela está alegre, quer dizer, ela não está arrependida: logo, desenvolvo ações em relação a ela. No outro dia, Olia Piátnitskaia vai estar triste, ou seja, está difícil para ela, pois sente que fez algo errado. Ela merece piedade, e terei outras adaptações em relação a ela. É necessário sempre estudar como está o *partner* no momento. Se você atua, uma vez para sempre, uma única linha não prestando atenção no estado do *partner*, essa linha não será só não lógica: ela será estereotipada. O que quer dizer entender ou observar? Essa, pois, é uma verdade banal. Se você realiza alguns papéis pelo processo orgânico, saberá todos eles. O que significa observar eu sei; o que significa conhecer eu também sei. Então, com o que inicia cada processo de entender? Ele começa quando você lança os tentáculos dos seus olhos nos olhos da mãe; você necessita saber por que ela é assim. As pessoas que estão sentadas ao seu redor talvez saibam. Quero sondar os olhos de cada um em sequência. Todos estão tranquilos, somente eu não entendo o que está acontecendo. Por isso, tenho que aglutinar os pensamentos e compreender sozinho. Nesse caso, pode haver dois tipos de comunicação: ou eu passo a relacionar-me com a mãe imaginária ou posso relacionar-me comigo (como se minha mente se relacionasse com meu plexo solar).

RÓSANOVA: Hoje, eu olho para Olia, e ela está assim; amanhã, ela será outra.

K.S.: Vejam, isso é valioso. Ajam como é necessário hoje, agora. Ontem, ela estava amável, amorosa; hoje, está coquete. Observem como ela está hoje e não deixem passar nada.

RÓSANOVA: Será que isso me aproxima do papel de Hamlet?

K.S.: Hamlet não existe, somente existe "eu" nas circunstâncias propostas de *Hamlet*. Se você parar de pensar "como eu faria isso?" e começar a pensar em como Hamlet o faria, isso já seria estranho: não é seu. Isso não será arte, será ofício. Eu necessito que você, exatamente você, decida o que está acontecendo, hoje, com a mãe, com Olia Piátnitskaia, sua *partner*. Sim, se você já conjeturou sobre o passado da sua mãe, e até pode comparar como ela está hoje com como ela estava no passado, mas de forma autêntica, humana, isso é tudo de que eu preciso. Mas, lembre-se, não pode copiar o passado. Vá sempre pelo novo, pelo autêntico do dia de hoje. Imaginem que, hoje, o espetáculo transcorre animado e que você, então, precisa entender de onde se origina essa alegria. Você poderá empenhar-se em saber, ter forte vontade de entender no que consiste isso. No próximo espetáculo, todos atuam molemente, algo não funciona, a rainha está indolente, impassível. Você pode atuar como ontem? Não, você deve entender por que ela está indiferente, por que ela está indolente. Em cada espetáculo, você deve procurar a lógica e esforçar-se para entender, no dia de hoje, o que acontece com a mãe. (*fala o que significa entender*)

RÓSANOVA: Mas, nas nossas aulas, não há nenhum cortejo, nenhuma corte; nós sentamos, ao todo, algumas pessoas, não há sala, nem banquete, nem casamento.

K.S.: Você pode fantasiar, em geral, tudo, o casamento e o banquete. Se você tem só três pessoas, imagine que os outros se retiraram; o rei não fala com os ministros, mas dita ao secretário aquilo que quer falar. Por acaso, sua ação será outra; por acaso, você não sente aversão? Você não quer ardentemente entender o que acontece com a mãe quando ela olha o novo rei com olhos de apaixonada?

RÓSANOVA: Tudo bem: aqui, pelo menos, eles estão sentados e esperam o que deverão falar; nas aulas, um escreve suas tarefas e o outro espera eu terminar de falar.

K.S.: Não vão pela *mise-en-scène*; esses estudantes, na opinião de vocês, devem sentar aqui, outros, lá; isso não é correto: assim, podem cair no clichê. Peguem os *partners* como eles são. Se alguém escreve algo, deixem que escreva, aproveitem-se disso. Vocês não podem sentir por todos, deixem que cada um faça o que quer. No fim, se vocês conseguem realizar todos os processos organicamente, então podem representar *Hamlet* em cinco minutos.

SKALÓVSKAIA: Mas essa é uma ação imensa.

K.S.: A minha infelicidade é que ainda não encontrei um nome correspondente. Isso até não é ação; eu quero somente que haja os impulsos para a ação. Isso se relaciona mais com o estado cênico interno.

SKALÓVSKAIA: Na prática do meu trabalho, revelei que tudo deve ser levado para o processo orgânico da relação.

K.S.: Há diferentes tipos de relações. Dê-me esse processo orgânico assim como ele é. Pois aí está o problema: todos possuem ações orgânicas, até os cães, o réptil marinho, mas o ator na cena não o possui. No final das contas, tudo vem da relação.

CHUR: Relacionar-se todos podem, mas atuar na cena nem todos podem.

K.S.: Isso porque todas as pessoas, na vida, podem ser como pessoas normais; na cena, ser como uma pessoa normal está longe de ser possível a todos. Nós falamos que todos têm a linha orgânica, somente o ator em cena não a possui. Pois só na cena é possível pensar o que quiser, cantar palavras amorosas em público, pressionar a debutante para junto de si, para a qual vocês até nem olham. Vocês devem entender que, na cena, é necessário fazer, da forma mais simples possível, ações orgânicas humanas. Simples assim: parece até que não há nada a fazer aqui.

RÓSANOVA: Eu não consigo imaginar o Fantasma, se ele é grande ou pequeno. Não consigo senti-lo, mas notem que eu devo sentir medo.

K.S.: Vocês querem saber como vão sentir e, então, fixar seus sentimentos. Isso é impossível. Essa é a teoria da arte da representação. Essa é uma arte ingrata, muito difícil. Como se pudesse dizer: "eu necessito sentir?" Vejam, pode-se sentir ou não sentir. Qual Fantasma vocês não conseguiriam imaginar? De qualquer forma, é necessário perguntar a si mesmo: "o que eu faria?"

RÓSANOVA: Mas, como deveria ser? Eu fantasio para mim o Fantasma, e, nesse mesmo momento, entra um estudante?

K.S.: Assim que ele entrar, você fala para si: "se ele fosse o Fantasma, o que eu faria?" O ator deve, em qualquer momento de sua vida, poder acionar alguma alavanca que conduza tudo para o lado da imaginação. Imaginem, agora, que será aberta uma parede e estaremos diante de mil espectadores. Digam, isso será arte?

Não. Mas imaginem que esta sala é um quarto do navio Majestic, no qual vamos para a América. E nós continuamos no navio, estudando. Isso não será a vida, mas arte. Arte, porque inicia-se a esfera da imaginação.

RÓSANOVA: Eu, nas aulas, imaginarei aquilo que me é insuficiente.

K.S.: Não, não é necessário. Olhem como se sua imaginação não estivesse em contato com objetos mortos. Eu tive uma atriz muito talentosa que se perdeu nisso. Ainda há um ator para quem esse procedimento conduziu ao rompimento. Antes de tudo, para você não existe nenhum Hamlet, existe somente você, e o que você faz e como age hoje, nas circunstâncias propostas.

GUÍNZBURG: Mas imagine, Konstantin Serguiêievitch, que na cena com alguma pessoa eu devo dar-lhe uma bofetada. E que, de repente, meu *partner* se comporta muito molemente e não me dispõe a isso, a dar-lhe uma bofetada. O que eu devo fazer?

K.S.: Você não pode explicar para si o comportamento dele, totalmente indiferente, como desprezo por você? Imagine como isso pode levá-lo a explodir!

GUÍNZBURG: Sim, mas o senhor mesmo falou: uma vez, é necessário atuar de um jeito, outra vez, de outra forma. Como fazer para atuar sempre bem?

K.S.: Por acaso existe tal instrumento que mede o bom e o ruim? Nesse momento, bom, noutro, ruim. Nossa infelicidade é que nós, obrigatoriamente, queremos atuar bem; atuem não bem, mas com verdade. O ator valoriza a sua atuação pela quantidade de risadas do público. Essa avaliação é mais revoltante, e trivial. Vocês devem atuar sempre com lógica. Esforcem-se realmente para captar o *partner* e saber o que vocês fariam naquelas circunstâncias. Depois de cada espetáculo, devem pegar a esponja, como recomenda Leonídov, e lavar todas as adaptações, para que em vocês permaneçam somente as tarefas principais. O ideal seria cada vez atuar no espetáculo em *mise-en-scènes* diferentes, para que até elas não se tornassem padronizadas. Inabalável é somente a permanência da linha interna do papel. No ano passado, houve uma aula em que vocês me mostraram exercícios de ações com objetos imaginários: então, enfeitaram um arco com as flores e o retrato. Vocês eram cinco pessoas, ficaram de costas para o diretor e enfeitaram a parede. Ficaram assim, como nenhum diretor colocaria os atores, e essa foi uma *mise-en-scène* verdadeira: alguém se esticava para pregar algo; alguém se inclinava e, com interesse, observava as pessoas, permanecendo de costas para mim, como bastões na horta. Uma vez, no ensaio de *Talentos e Admiradores*[20], batalhamos muito tempo numa cena e, em algum momento, os artistas começaram a se aconselhar uns com os outros, cercaram completamente a personagem principal e aglutinaram-se ao redor dela, escutando o que ela falava. Eu prestei atenção nisso, na maravilhosa *mise-en-scène* que resultou. Vichinévski, muito sensível nesse aspecto, aproximou-se de mim e perguntou: "O senhor viu?"

Eis o sentido da própria vida. Nenhum diretor se arriscaria em tal *mise-en-scène*, mas, sem premeditação, ela saiu maravilhosa.

A melhor artista é nossa natureza; aquilo que nos dá o subconsciente é orgânico e maravilhoso. Na arte da representação, o ator deve fixar todas as emoções nos músculos, decorar e essa cópia da vida levar para cena. Esse trabalho é ingrato e infernal. Os papéis criados por Coquelin e Sarah Bernhardt [21] surpreendem, nos primeiros minutos, pela sua verossimilhança, mas logo você percebe que se trata de imitação. Eles não comovem. Vocês não vão lembrá-los por muito tempo; para nós, para o Teatro de Arte, o maior elogio foi quando as pessoas disseram: "vamos às irmãs Prozorovi". Isso queria dizer assistir a *As Três Irmãs* no Teatro de Arte. Os espectadores não somente lembravam o espetáculo, mas o vivenciaram junto com os atores.

RÓSANOVA: Mas o que eu devo fazer com *Hamlet*?

K.S.: Faça as mais simples e habituais ações humanas que compõem os processos: entender, seguir, espiar, convencer etc.

20 Peça de A.N. Ostróvski.

21 Nota de Vinográdskaia: famosos atores franceses, B.C. Coquelin e Sarah Bernhardt (1844-1923). Stanislávisk os considerava os mais importantes exemplares de arte da representação.

KRUGLIAK: O senhor diga-me: aquilo que hoje eu escrevo realizarei dentro de cinco anos? A mesma coisa?

K.S.: O processo orgânico caracteriza não somente o homem, mas todos os seres vivos existentes. Vocês deverão realizar cada vez o processo orgânico, mas isso não será repetição, e sim a nova arte, porque cada vez terão que observar o *partner* e olhar como ele está naquele momento; disso surgirá a nova arte. Isso é o que nós buscamos. Não percam o momento da comunicação.

Quando Marcelo e Horácio vêm pela primeira vez até Hamlet, ele ainda não pode interromper seus pensamentos, ele necessita pousar na terra, entender de onde vieram, como apareceram aqui. Não deixem passar os momentos de relação nova. A tarefa de Horácio, por sua vez, é de observar Hamlet: por que ele está assim, o que há com ele, como dizer a ele o segredo sobre a Sombra do pai? Finalmente, falam para Hamlet sobre a Sombra do pai. No primeiro momento, você sempre afasta de si algo desagradável. Imagine que chega uma pessoa e lhe diz: "o mar Cáspio alaga Moscou, aqui ainda está seco, mas já pelo boulevard Tverskoi não dá para andar". É claro que, no início, há um momento de desconfiança. Vocês podem tentar comparar algo, confirmar. Quantas ações Marcelo e Horácio necessitam efetuar para que Hamlet acredite neles? No teatro ruim, normalmente isso se faz assim: apenas o ator consegue dizer as primeiras duas palavras, o seu *partner* põe as mãos na cabeça, sabendo perfeitamente o que o outro falará para ele depois.

KRASNÚCHKINA: Nós sabemos como expor tais estados, como a esperança, o ciúme etc.

K.S.: O ciúme abrange toda uma série complexa de processos orgânicos. Em esperança, não existem os mesmos processos orgânicos, pois, em alguns lugares, eles são disfarçados, em outros, mais contundentes. É mais fácil revelar os processos aguçados.

KRASNÚCHKINA: É necessário pensar não somente em si, mas considerar todas as circunstâncias propostas?

K.S.: Além das circunstâncias propostas, há momentos orgânicos.

KRASNÚCHKINA: E eles mudariam pelas circunstâncias propostas?

K.S.: Dependendo das circunstâncias propostas, alguns processos orgânicos serão disfarçados, outros aparecerão claramente.

KRASNÚCHKINA: É necessário captar tudo imediatamente nas circunstâncias propostas?

K.S.: É evidente por si que, sem as circunstâncias propostas, até entrar no quarto vocês não podem.

KRASNÚCHKINA: Eu surjo na cena no fim do primeiro ato, antes disso acontecem alguns eventos importantes. Como devo agir, diante de tudo, desde o início? Adiante, eu não apareço muito tempo, depois, já enlouqueço. É uma virada tão aguda...

K.S.: As passagens vocês devem unir, fantasiar, perceber. Isso é desejável.

GUÍNZBURG: E se eu analiso todos os processos orgânicos, imaginando logicamente uma única linha, o texto poderá me incomodar? E os versos brancos?

K.S.: Por que você, em sua língua ruim, pode falar sobre importante e belo sentimento, mas, na de Shakespeare, não pode? Pode ser que incomode você que aqui se trate de versos e deva ser mantido o ritmo do verso. Mas isso será superado totalmente quando ensinar vocês a lerem versos com o metrônomo. A métrica do verso, inerente à obra, penetrará em vocês com tal profundidade que vai soar até o almoço e o jantar. Vocês verão que representar em prosa – por exemplo, *A Desgraça de Ser Inteligente*[22] – simplesmente não é possível.

A chave de meu método é apenas fazer desaparecer debaixo de vocês o solo de ator no qual estão e dar outro, verdadeiro, vivo. Vocês começam a me contar sobre a sua vida e não sobre Hamlet, a quem não conhecem. No início, isso será lento, fora do ritmo; depois, a linha se completa, desenvolve-se sem passagens, e tudo fica fácil.

Se vocês aprenderem a trabalhar assim, como eu lhes falo, conseguirão passar o papel de Hamlet em alguns minutos. A cena com a mãe: quero entender; o que quer dizer entender?

22 Peça de A. Griboiédov (1795-1829).

Compreendo. O encontro com Horácio: não compreendo totalmente. Repito. O que farei? Como escutarei tais notícias? Assim. Agora entendo. E assim por diante. Dessa forma, vocês podem ensaiar a peça no caminho durante o almoço; podem executar umas oito vezes toda a peça durante o dia e ficará a impressão de que já atuaram nesse papel. O papel será fixado em vocês pelas chamadas internas para a ação. Fortaleçam essa linha interna atual: se vocês a criarem, e fortalecerem, podem ficar tranquilos pois não vão se perder em cena.

(*Chur, Krugliak, Krasnúchkina relatam a terceira cena do primeiro ato. Viákhireva conduz a aula.*)

Vocês estão seguindo pela linha do texto, o que significa pela linha das circunstâncias propostas; portanto, vocês mesmos achem a linha do processo orgânico.

KRASNÚCHKINA: Qual é o processo orgânico aqui?

K.S.: O processo em toda a parte é igual. De toda forma, vocês, no final dos finais, chegam à relação. Sem relação, não há o que fazer. Vocês devem encontrar os processos orgânicos, e com a mais elementar relação.

(*K.S. passa a trabalhar adiante com Krasnúchkina e Chur, na cena deles*)

KRUGLIAK: Se eu quero convencer a minha filha, talvez comece de algum ponto distante, com um tema abstrato.

K.S.: Se for necessário, vocês vão falar sobre o tempo. Vocês, agora, estão diante do papel, como diante do buraco de uma agulha, e tentam por todos os meios entrar nele, mas o encenador, nesses casos, ainda pega o ator pelas pernas e enfia a sua cabeça no buraco da agulha. Eu mesmo quero que vocês, por enquanto, captem do papel aquilo que têm em comum com ele; por enquanto, trata-se da inter-relação, que é própria de todos os seres vivos. Assim, vocês estudam o processo da relação. Estudem a relação mais elementar. Vejam, antes iniciávamos os ensaios com o "período de mesa". Nós nos sentávamos à mesa por um longo tempo. Confesso que essa "mesa" também eu a inventei. Mas eu não lhes dou a "mesa" e, com isso, facilito o trabalho de vocês. Eu exijo de vocês aquilo que agora podem dar, a relação verdadeira.

KRUGLIAK: Por que quando saio na cena eu me perco, e perco aquilo que trabalhei?

K.S.: Porque as condições da arte em público arrastam vocês para a demonstração de si mesmos, mas eu peço o elementar: que realizem sua linha do papel com lógica. Vocês, na realidade, perturbaram-se, nesse caso, com o meu artigo[23]. Você chega ao teatro: consequentemente, já está na cena. Você é ator. Mas, chegando ao teatro, imediatamente se acostuma também com o pior que nele existe. Participando em cenas de massa, vocês devem perder muito tempo para olhar e entender tudo aquilo que podem estudar cuidadosamente no primeiro ano de estada no estúdio. No teatro, não pode haver ensino coletivo. Nesse caso, cada estudante deve ter o seu pedagogo, semelhante a uma governanta. Por isso, o mestre pode ter dois, no máximo três, estudantes. Se houver mais, eles voltarão a ser pobres figurantes. O público é um fator positivo importante para o ator. Nós necessitaríamos ter um grupo de espectadores durante o trabalho. A tal liberdade, sobre a qual se fala, adquire-se naquilo que vocês identificarão como a lógica da ação e a lógica dos sentimentos, e que realizarão na cena. Mas, em nenhum caso, deve-se sair em público com coisas inacabadas. Se vocês saírem em público com o papel inacabado, com o *étude* como o espetáculo, fixarão tudo isso que está ruim.

(*K.S. novamente fala sobre o significado do desenvolvimento das mãos. Ele dá a palavra de ordem na nova década: as mãos são os olhos do corpo*)

23 No dia 8 de maio de 1937, em *Notícias*, foi publicado o artigo de Stanislávski "Caminho da Arte", no qual ele escreveu, em particular, sobre vantagens da "escola de passagem", escola junto com teatro. (K. Stanislávski, *Pólnie Sobránie Sotchinéni v 8 Tomakh, t. 6: Stat'i, Péchi, Zamétki, Dnevniki, Vospominânia* [1919-1938], p. 397-401.)

3 De Junho De 1937[24]

(*K.S. pergunta sobre o estado do trabalho a respeito de Hamlet*)

K.S. (*para Viákhireva*): Você não fica remoendo num único lugar? Os alunos pedem para falar o texto de Shakespeare? Eles não discutem demasiado? Você não está conduzindo tudo pelo pensamento? No encontro passado, eu observei essa tendência. Isso é prejudicial. Vamos trabalhar.

(*K.S. pergunta aos estudantes se eles necessitam do texto do autor. Pelas opiniões se esclarece que, por enquanto, ainda não é necessário o texto exato, mas os pensamentos e sua coerência*)

Existe em vocês verdadeiro engate e verdadeira habilidade? Vocês entendem a diferença entre habilidade e engate? Vocês podem engatar-se aos olhos do *partner* e não captar nada deles, mas podem pegar algo do *partner* e dar a ele algo.

RÓSANOVA: Habilidade verdadeira ainda não há.

K.S.: É evidente, a visualização ainda é fraca. De onde você recebe as visualizações? Dos pensamentos?

RÓSANOVA: Da ideia, das circunstâncias propostas, do *partner*.

K.S.: Comecemos a trabalhar. O que você quer fazer, o que propõe?

RÓSANOVA: Eu quero observar.

(*K.S. esclarece sobre a situação com os* études, *nos quais foi fixado o texto. Ele aprova a resposta do aluno que, para fixar o texto, é necessário, cada vez, ativar a sua fantasia. Somente assim o texto não senta nos músculos da língua. Para isso, é necessário mudar as circunstâncias propostas, sendo suficiente mudar a hora do dia, da manhã para a tarde*)

(*K.S. solicita que cada um lembre o trabalho que fez com o pedagogo*)

K.S.: Vocês compreendem como é necessário proteger a linha ativa interna do papel, entrelaçado com tão grandioso trabalho? Quando essa teia estiver entrelaçada numa corda grossa, vocês

24 *Stanislávski Repetíruet*, p. 474-477.

já não terão nenhum medo do clichê. Vocês vão sentir que esse é um momento muito importante, que devem guiar-se pelas leis da natureza e fortalecê-las. Aqui, é necessária mais atenção interna. É muito importante pegar o ritmo verdadeiro, que deve vir das circunstâncias propostas. Um ritmo que foi captado incorretamente leva a interpretar uma situação de modo errado. Imagine que você vai coroar-se e, diante disso, pula de alegria. Ou vai coroar-se como vai numa procissão fúnebre, atrás do caixão? Não esqueça as diferentes circunstâncias propostas. Não esqueça o "hoje" e o "aqui". Lembre que "o hoje" e "o aqui" precisam desenvolver-se em cada um para poder orientar-se bem na cena, adaptando-se ao estado de espírito atual do *partner*; pode ser que não gostem da estranha (para vocês) ambientação. (*Respondendo,* Guínzburg *levanta-se, K.S. o faz sentar.*)

K.S.: Eu exijo que vocês se levantem não porque sou algum general, querendo honras para si, mas porque devem ter disciplina interna. Porém, quando começarmos a trabalhar, não precisam se levantar. Não esqueçam que vocês devem treinar sua disciplina para que possam conduzir-se dignamente atrás dos bastidores, onde deverá haver silêncio absoluto. Certa vez, estive na ópera em um teatro, na Alemanha. Na cena, passa um navio no mar. O mar agita-se. Depois de um minuto de escuridão, acende-se a luz e o que vemos? Não havia mar, nem navio, nada disso! Sentadas, vinte e cinco moças de cabelos dourados mexem na roca. Que técnica magnífica e disciplina são necessárias para isso, para realizar tal mudança em absoluto silêncio[25]! Eu peço a vocês, não ranjam com as cadeiras. Aprendam a levantar uma cadeira sem barulho quando quiserem movê-la. Isso tudo vocês

25 Nota de Vinográdskaia: com toda a probabilidade, Stanislávski narra a visita de solenidade de Richard Wagner em Bayreuth, em junho de 1902, onde teve a oportunidade de conhecer o mecanismo dos efeitos cênicos na realização da ópera *O Holandês Voador*: "Lá, em toda a cena – escreveu ele –, em direções diferentes, estão navegando dois navios enormes; as ondas inundam os bordos, os navios se balançam. Eu vi, estando na cena, como dentro dos navios surgem doze pessoas e como elas, andando dentro do navio, empurram-no em direções diferentes. Moscou, 'Arte', 1994, p. 64."

precisam lembrar para cuidar do silêncio atrás dos bastidores. Se vocês não conseguem trabalhar em si agora, depois será tarde. Em alguns, há uma maneira não adequada: reprimir os outros, mas não conter a si próprios.

GUÍNZBURG: Nós sempre temos que trabalhar em pequenos quartos. Nós somos três. Às vezes, até me acontece ter que me comunicar com pessoas imaginárias.

K.S.: Com um *partner* imaginário temos que nos comunicar quando comparamos alguém com alguém, ou quando lembramos algo. Há ações materiais e imateriais. Agora, nós nos encontramos não num pequeno quarto, e nem somos três – assim não é necessário alucinar-se. O ator gosta muito de relacionar-se com o imaginário, com o objeto fantasiado por ele, mesmo quando ao lado dele, na cena, existe um objeto vivo. Além do objeto fantasiado, frequentemente ele não vê nada do que acontece ao redor e, dessa maneira, coloca uma parede a separá-lo do *partner*. Fantasiem, em um dia, uma coisa; em outro dia, outra. Com frequência, as suas fantasias passam a vocês algo que não corresponde à peça, nem ao papel. Eu peço que se detenham somente no *partner* e usem aquilo que lhes dá a vida verdadeira. Até trabalhando em casa, nunca trabalhe com o *partner* imaginário; peça a sua mãe e à empregada para se sentarem e fale com elas. Se isso não for possível, é melhor raciocinar: o que eu faria se meu *partner* fizesse tal coisa, e o que eu faria se ele reagisse às minhas palavras de tal forma? Vocês podem sonhar a partir de si mesmos, isso também será impulso para a ação. O querer provoca a aspiração, mas, na revelação dessa aspiração, há ação; nós precisamos esclarecer somente o querer e a aspiração, isto é, o impulso para a ação.

GUÍNZBURG: Mas, se eu aceito "agora" e "aqui", não posso aceitar o senhor, Zinaída Serguéivna e as outras pessoas pelas personagens da peça.

K.S.: Eu, Zinaída Serguéivna e todos os que estão sentados ao meu lado, todos, para vocês, são o público; mas seus companheiros, sentados com vocês na cena, esses, para vocês, não são o público, mas pessoas na cena. Se vocês fizerem tudo para o público, podem se tornar escravos desse público. Nunca se dirijam ao público, caso contrário, vocês se escravizam a ele e nunca mais conseguirão escapar dessa escravidão. É necessário ter uma técnica grandiosa para aprender a não notar o público. Temam depender da ribalta.

(*o trabalho continua*)

Agora, eu acredito em vocês; só cuidem para que o que ocorre em vocês não seja do pensamento. Vocês podem me enganar, mas enganar a si próprios é impossível; e isso, para vocês, não passará de graça, terá um preço.

ORLOVA: Nós conduzimos toda a aula na discussão.

K.S.: Existem várias etapas no trabalho: primeiro, a relação orgânica, depois, podem ser discussões, mais adiante, ação, ideias. É necessário passar por cada etapa. Mas por que vocês gostam tanto de discutir?

ESTUDANTE: Porque isso não é difícil.

K.S.: Quer dizer que vocês têm vontade fraca. Vocês não conseguem obrigar-se a agir. Porém, discorrer demais não presta.

SKÓTNIKOV: Como aprender a escutar um texto já enfadonho e conhecido há tempos?

K.S.: Em primeiro lugar, é necessário colocar o princípio "se fosse"; em segundo, é necessário, de forma nova, imaginar claramente nas visualizações aquilo que lhes diz o *partner*, ou aquilo que você quer falar a ele.

(*o trabalho continua*)

(*para* Guínzburg) – Você, gentilmente e de forma humana, falou sobre suas ideias, e eu posso, agora, criticá-lo. Se você fosse um príncipe herdeiro, que devesse inspirar respeito, como se portaria? Nós necessitamos, por meio da técnica, ir ao subconsciente, ou, se a intuição trabalhar, ela não deve atrapalhar o embrionário subconsciente.

AKÍMOV: Por que eu preciso falar em voz alta tudo aquilo que me acontece?

K.S.: Para obrigar-se mecanicamente a seguir as leis da natureza, sem excluir nada, enquanto isso não ocorre pelo hábito constante. Depois, quando vocês tiverem isso dominado pelo treino, deixaremos esse procedimento. Vocês entendem o que se chama sistema? São as leis da natureza. Se trabalharmos em nós a habilidade de agir na cena pelas leis da natureza, não excluindo e nem mentindo nada, então coisa alguma poderá atrapalhar o nosso subconsciente. Nesse momento, o sistema já não será necessário. Assim, para podermos agir pelas leis da natureza, nós nos agarramos ao sistema, aos processos orgânicos etc.

(*Esclarece a relação entre Rosencrantz e Hamlet. Explica a mudança de visão de mundo de Hamlet depois de seu encontro com o Fantasma de seu pai. Depois do intervalo, Stanislávski conduz os exercícios "toalete do ator" com os estudantes.*)

No próximo ano, chegando ao estúdio, vocês deverão fazer a "toalete do ator", tal qual fazem a sua toalete pessoal; isto é, lavar o rosto, tomar chá etc. Cada dia, vocês deverão fazer os exercícios com todos os elementos durante uns cinco ou seis minutos e, só depois, começar o trabalho artístico do dia. Primeiro, fazer no ritmo, com música, relaxar os músculos, unindo essa relaxação à execução de pequenas tarefas físicas. Com a música, já poderão concentrar sua atenção. Alguns necessitarão de mais tempo para isso, outros, de menos, mas é necessário que tudo esteja no seu ritmo. É necessário, a partir da música, relacionar-se com o outro. Num ritmo, vocês encontram para si o objeto; em outros, chamam a atenção dele; num ritmo, vocês projetam os tentáculos nos olhos do objeto; em dois ritmos, querem entender o que há com ele; em um ritmo, dão a ele a sua impressão, as ideias; depois, desviam os olhos para o outro *partner*. Tempo – isto pode ser um compasso ou dois – pode-se aumentar, na dependência do que a pessoa desejar.

Ação com objeto imaginário acompanhado de música. Tudo pode ser feito com música, como vocês viram agora: ação, objeto, relação, atenção, fantasia, verdade, sentimento (*este vem ou não vem, mas deverá vir*) e ingenuidade. A ingenuidade pela ingenuidade não é necessária, mas, se há verdade, há ingenuidade. A relação deve ser desenvolvida. Entabulem uma conversa ao longo da rua. Procurem um *partner* distante e experimentem comunicar-lhe algo. Estabelece-se não somente uma relação, mas uma adaptação também. O que, em vocês, não é suficiente?

ESTUDANTES: As palavras.

K.S.: Antes de falar sobre a palavra, é necessário falar sobre a dicção, a pronúncia correta do som.

(*K.S. faz exercícios com os estudantes sobre a pronúncia de algumas letras, no coletivo*)

26 de Outubro de 1937: Aula Com o Setor Dramático[26]

(*Stanislávski pergunta em que estágio se encontra o trabalho sobre Hamlet, Viákhireva fala.*)

K.S. (*para Rósanova*): Como vai o trabalho e quais são as suas dificuldades? Vocês percebem a trilha a seguir, pela qual deve encaminhar-se o trabalho? O que preocupa vocês nesse trabalho, o que alegra?

RÓSANOVA: Eu quero encontrar a linha ininterrupta do papel de Hamlet. A linha se interrompe quando eu perco a lógica da ideia. É difícil para mim. Eu quero abrir os caminhos – os canais para a linha ininterrupta.

(*Rósanova fala sobre a sua linha do papel*)

26 *Stanislávski Repetíruet*, p. 479-484.

K.S.: O que acontece com vocês, no plano psicofísico? Não esqueçam que todas as ações orgânicas, por nossa natureza, são psíquicas e físicas. Isso não é segredo, nem para mim, nem para vocês. Mas, para não os assustar, vamos chamá-las de físicas. Comunicam-lhes sobre a morte do pai – o que vocês farão?

RÓSANOVA: Eu quero imaginar como isso aconteceu. Para isso, necessito arrancar de Horácio o que ele sabe.

K.S.: Você não pode abarcar tudo o que aconteceu, por isso precisa usar alguma imaginação. Assim, vocês têm um momento da imaginação.

(*Rósanova continua*)

RÓSANOVA: Eu quero esclarecer tudo detalhadamente.

K.S.: Qual processo está acontecendo com você? Houve o momento da imaginação. Agora, ele continua. Vocês devem completar o quadro que imaginaram para si. Você esclarece o que aconteceu. Houve a representação. Então, em você surge o julgamento. O julgamento sempre exige visualização prévia. O ator não tem o direito de sustentar o julgamento, enquanto não houver a visualização sobre qualquer fato, acontecimento. Nesse processo, é necessário atrair todos os movimentos da vida psíquica. O que vocês fazem quando perdem a linha do papel?

RÓSANOVA: Eu volto atrás e procuro ver tudo, visualizar.

K.S.: Tenham cuidado somente para não fantasiar abstratamente sobre algum Hamlet. Poderá existir no nosso tempo alguma história como *Hamlet*? Pode. Representem, imaginem que Hamlet existe hoje, aqui e agora. Vocês percebem no que consiste a diferença? Imaginem que vocês têm de agir na presente situação, hoje, aqui. Eis a diferença. Se vocês entenderem isso, entenderão que eu mesmo, pelo caminho simples e direto, penetrei em suas almas e os obrigo a agir assim, como necessito. Vocês percebem que eu os obrigo a falar, agindo a partir de si próprios. Tal personagem, que existe na peça, tal situação e tais circunstâncias propostas, involuntariamente, tornam-se reais para vocês. (*Rósanova volta a falar*) (*para os estudantes*) – Vocês percebem que ela começa a falar de si: eu sinto, eu quero. Isso é vontade e sentimento. Antes, houve representação e julgamento, mas, agora, surgem a vontade e o sentimento.

(*Rósanova fala adaptando-se à realidade*)

K.S.: É formidável que você toma tudo da realidade. Quer dizer, houve representação, julgamento, vontade e sentimento, e, agora, ação. Vocês entendem como tudo ocorre sucessivamente?

RÓSANOVA: Eu começo a ter consciência de onde está o pai, e protesto contra seu sofrimento.

K.S.: Isso não está correto, Hamlet vai raciocinar sobre isso dois meses depois que ele viu o Fantasma. Nesse momento, vocês se defrontam com um fenômeno que não podem esclarecer. Você somente assimila para si, somente escuta tal mistério, do qual ainda não se conscientizou, porém sente. Vocês devem ter um cuidado terrível para não assustar o Fantasma.

RÓSANOVA: Eu entendo que o pai me chama para se vingar, mas como fazê-lo?

K.S.: Se vocês já entenderam isso, o que vão fazer em todos os quatro atos que estão pela frente? A tarefa é assimilar o que o pai falou, mas analisar essas palavras vocês vão fazer depois. Agora, vocês precisam falar baixo, não agitar demais as mãos, para não espantar o Fantasma. Hamlet não leva ainda do primeiro encontro com o Fantasma uma linha clara, porque ele duvida da aparição. Toda a tragédia de Hamlet consiste em que ele tomou para si uma tarefa acima de suas forças. Vocês esforçam-se para saber o mistério. Vocês viram o Fantasma e, após o encontro com ele, estão somente no ponto de partida. Vocês não sabem nada, não entendem nada. Vocês devem viver desde o início. Começa o novo ato, nova vida, aqui há sobre o que pensar. Vocês continuam a viver, mas já em novas circunstâncias propostas. Quando vocês se encontrarem com Rosencrantz, com Polônio e com os outros, não entenderão como é possível viver em tal mundo, interessar-se por ninharias, quando há algo grandioso. Nisso reside a tragédia de Hamlet; suas dúvidas são iguais a de todos os povos, por todos os séculos.

O ser humano quer entender o sentido da vida. Da força de que ele vive. Vocês começam a agir para saber o sentido da existência. O que fariam caso se encontrassem em tal situação? A tendência humana é, antes de tudo, procurar a ajuda dos outros. Mas ninguém pode ajudá-los nisso. Comecem por si sós a vaguear pela vida e revalorizá-la. Por isso Hamlet muda, neste momento. Antes, ele era um homem comum, alegre. Depois de conversar com o Fantasma do pai, ele não consegue ficar alegre, começando uma nova peça, uma nova vida. Hamlet já não pode aceitar em seu coração aquilo que o cerca, porque ele conheceu algo maior, mais significativo. Prestem atenção em como Hamlet tornou-se ativo e permaneceu ele mesmo diante do encontro com os atores. Vendo que o homem-ator pode chorar e comiserar-se de algum destino desconhecido, Hamlet começa a entender que ele também é capaz de fazer muito, de enfrentar aquilo que tinha a impressão de não poder dominar.

Agindo lógica e coerentemente, você força a sua natureza orgânica a trabalhar e, dessa forma, o subconsciente. Em nossa arte, isto é fundamental: através do consciente alcançar o subconsciente. Nós só podemos acordar aqueles centros que levam à arte; com os meios diretos, não podemos governá-los.

(*Stanislávski solicita aos alunos "extrair" algumas linhas de Hamlet e fazer delas études, como na aula passada. Os estudantes fazem études.*)

Eu sinto que, por meio de simples ações físicas, vocês conseguem acordar a inteligência, a vontade e o sentimento, e fazê-los trabalhar. Quando vocês os puxam, surge o sentimento de verdade e a imaginação. Uma vez que há imaginação e sentimento de verdade, significa que surge a crença. Atraindo, no trabalho, toda sua vida psicológica, vocês estendem a linha que necessitam. Assim, vocês aprenderão a trabalhar a sós. Somente por esse caminho chegarão à mestria. Não há diretor que possa levá-los a isso. Vocês devem aprender a trabalhar sozinhos.

Vocês têm possibilidade de trabalhar qualquer peça pela linha física, fazer *études* em qualquer linha da peça, mas ninguém tem a audácia de me dizer que não há nada a fazer. Em primeiro lugar, não deixem de lado os antigos *études*, aprofundem-nos e repitam-nos; em segundo, façam os próximos *études* para aquelas peças que estão trabalhando agora. Trabalhem mais vocês mesmos, mostrem ao pedagogo o trabalho independente já feito. Seria bom que o texto não cansasse os seus ouvidos. Imaginem quão avidamente vocês pegarão as frases do texto se elas expressarem exatamente aquilo que há tempos entenderam pela lógica da ideia.

(*Os estudantes Menchikov e Rozniatovskii mostram o étude "Longe, Longe no Oriente".*)

K.S.: Em todos os *études* não há finalização. Vocês não conseguem colocar o ponto final. No início, há pausa pela pausa. É necessário esforçar-se para eliminá-las. Mas, em geral, está bem. O que pode ser feito com esse *étude* para que se torne mais colorido?

ESTUDANTE: Aprofundar as circunstâncias propostas.

(*Manifestam-se opiniões sobre a mudança da estrutura do étude. K.S. fala que ninguém, lamentavelmente, pensa ou propõe como aprofundar o étude.*)

K.S.: Não peguem um caso particular para fazer o *étude*, mas sim, por exemplo, um trabalho importante do Estado. Em outras palavras, para aprofundar o *étude*, é necessário haver um superobjetivo mais significativo. Não selecionem *études* nos quais não há profundidade. As obras geniais não têm fundo. Não esqueçam que o papel é só uma parte da vida da personagem da peça. Imaginem a vida humana como um círculo fechado, que começa com o nascimento e termina com a morte. Suponhamos que isso seja o globo terrestre. O pedaço do ponto R até o ponto A vocês mostram na cena. Em cada vida humana, como no globo terrestre, há camadas. No centro, é claro, está o superobjetivo, a essência do ser humano. Quanto mais profundamente vocês conseguem chegar às camadas, mais perto estão do superobjetivo. O objetivo do ator é cavar até o centro da terra, o que significa chegar ao superobjetivo. Quanto mais vocês aprofundarem os *études*, tanto melhor. É necessário não ir pela linha externa da fábula, como geralmente fazem os estudantes, e até os pedagogos. Esforcem-se para fazer *études* com interesse, isto é, aprofundá-los, complementando-os com conteúdo. Isso é possível. Façam-nos independentemente e mostrem para o pedagogo. Não os joguem fora no caminho. Se os *études* não estão inscritos na programação, façam-nos de forma independente: nenhum professor se negará a ajudá-los[27].

7 de Março de 1938[28]

(*Stanislávski solicita iniciar a aula com a "toalete do ator". Os alunos fazem os exercícios; depois disso, apresentam o trabalho feito sobre Hamlet. Ensaiam a segunda, a quarta, a quinta e a sexta cena.*)

K.S. (*para Rósanova*): Como você se sentiu?

RÓSANOVA: Mal.

K.S.: Com o que está contente e com o que não está?

RÓSANOVA: Eu me confundi, aqui. Nós estávamos acostumados com outro espaço. Não senti a linha lógica, às vezes perdi partes dela. Não fiz aquilo que queria fazer.

K.S.: Que critérios vocês se colocam? O que quer dizer "eu atuei bem", o que quer dizer "eu atuei mal?"

RÓSANOVA: Quando a lógica da linha do papel se estica, como uma corda, e não se rompe, eu não me perco e me sinto bem.

27 O estenograma da aula continua com os estudantes lendo poemas de Maiakóvski, que foram suprimidos nesta tradução. Stanislávski faz correções e observações sobre o ritmo do verso, a dicção etc.

28 *Stanislávski Repetíruet*, p. 488-491.

K.S: Isso ainda não é tudo. Mas o que há mais?

RÓSANOVA: Grande ligação com o *partner*.

K.S.: O que é mais importante para que vocês vão para a cena?

ESTUDANTES: Agir.

K.S.: Sim, isso é o mais importante – a ação física. O importante é perguntar a si mesmo: "o que eu faria hoje, aqui, nas atuais circunstâncias propostas?" Esse é o critério do ator. É mais fácil dizer "o que eu faria" do que "o que eu sentiria".

GUÍNZBURG: Hoje, eu não fiz aquilo que é habitual, e não fiz tudo o que queria. Bem no início, agi como queria. Mais adiante, a partir do momento do diálogo, eu como que avancei ativamente em Hamlet.

K.S.: Em que isso se expressou?

GUÍNZBURG: Eu queria provar a ele o meu amor e fiz isso muito ativamente.

K.S.: Em que sentido "ativamente"? Você avançou nele como ator? Como ser humano você não faria isso?

GUÍNZBURG: Agora, eu o faria como ser humano, se colocado nas circunstâncias propostas.

K.S.: Você fala das ideias de Shakespeare, mas mistura o texto do autor com o seu texto. Sente a necessidade do texto de Shakespeare? Ele é sabido para você?

MARTIÁNOV: Quando nós não entendemos as ações, pegamos a peça de Shakespeare. O texto nos ajuda muito e é fácil de fixar.

KRUGLIAK: Há uma frase na qual as ações alternam-se com clareza. E, involuntariamente, quando analisamos minhas ações, eu lembrava do texto, da frase.

K.S.: Vocês entendem a diferença entre ação e tarefa? Dividiram o texto nos objetivos?

VIÁKHIREVA: No início, nós trabalhamos totalmente sem o texto. Mas, no texto, procuramos as ações.

K.S.: É necessário entender exatamente de onde vem a tarefa e de onde vem a ação. A tarefa vem da cabeça, a ação, da intuição.

CHUR: Minha principal tarefa é observar tudo o que acontece aqui, e a inter-relação das pessoas ao meu redor.

K.S.: Você é Polônio, um político terrível. Você deve combinar tudo. Você olha para tudo o que se faz ao redor com enorme atenção. Você deve descobrir detalhadamente todas as inter-relações. O fundamental, para você, é essa enorme atenção, que perpassa todas as suas ações. Para ser Polônio, vocês não devem interpretar a astúcia (é impossível interpretar a astúcia), mas ter enorme atenção, não superficial, capaz de penetrar na alma humana. A partir dessa atenção, vocês iniciam sua transformação em Polônio. Então, vamos falar sobre onde termina a fala prosaica e onde começa a fala romântica. Fala romântica não quer dizer vibração, tremor de voz e entonação afetada. No que consiste a diferença? Como se deve atuar Shakespeare e como se deve atuar Tchékhov? É possível atuar de maneira igual em ambos?

CHUR: Em Tchékhov, há semitom.

K.S.: Com Salvini[29], há semitons em *Otelo*! Sim, e com Duse[30] também.

PIÁTNITSKAIA: Shakespeare é muito difícil de pronunciar. Ele arrasta para a ênfase.

K.S.: O que é a tal ênfase? Essa ênfase é a pronuncia dos cantores. De onde vem essa obscenidade? Se vocês falarem *kh-o-r-o-ch-a--ia-p-o-g-o-d-a* [bom tempo], assim como vocês falam "minha alma está plena", nisso haverá ênfase. Em Shakespeare, há grandes ideias, mas sobre a grandiosidade não se pode falar como se fala sobre os frios no café da manhã. Quando Salvini começa a atuar, ele nem ergue as mãos, não faz nenhum gesto. Ele nunca se apressa, jamais! E a própria elevação soa de forma simples, mas significativa. Nós lembraremos cada frase dele. Alguns pensam que para a elevação da voz é necessário fabricar algum truque. Cada vogal deve soar, cada consoante deve voar. Se vocês pensam que todo o trabalho consiste na exata dicção, isso será a sua destruição. Vocês devem amar a ideia, ver a sua lógica. Não se deve declamar as frases. Vocês percebem que eu, até estático, não

29 Tommaso Salvini (1829-1915), ator-trágico italiano.
30 Eleonora Duse (1858-1924), atriz italiana.

paro de conversar com vocês. Isso não é parada nem buraco, isso é falar no silêncio. A comunicação com vocês eu não interrompo. Não se apressem, isso é o mais importante. Deem a ideia... Se eu falo, e quero ser convincente, eu me torno mais exigente, reforço a entonação e me imponho, para que todos me escutem. Quando eu aprofundo as circunstâncias propostas, dou à ideia maior significado, muda em mim o diapasão da fala. A elevação do estilo inicia lá, onde há maior conteúdo. O mais importante é não se apressar: falem cada palavra até o fim.

(*como exemplo, lê o monólogo de Otelo, no Senado*)

Vocês percebem que partes estão aqui, como é necessário dá-las. A elevação também deve ser simples, mas profunda, significativa; deve haver principalmente visualizações exatas. E isso, absolutamente, não quer dizer que na elevação é necessário falar uivado. Não se deve ir somente pela maneira de falar, pois surge o uivo. É importante entender que a tragédia é algo significativo e elevado, e isso cria a ampliação e o aprofundamento das circunstâncias propostas e as suas corretas valorizações.

RÓSANOVA: Eu tenho muito medo de uivar e me esforcei muito para me conter, mas, às vezes, tenho vontade de libertar os movimentos. Por exemplo, quando o Fantasma avança para Hamlet, eu quero me afastar.

K.S.: Isso, que você agora me mostra, é afetado. Isso é ênfase. E, em caso nenhum, deve ser feito. O primeiro sinal da ênfase: falar e não ver nada.

(*K.S. explica a linha de ação do primeiro quadro. Fala que o modo de se conter depende das circunstâncias propostas*)

GUÍNZBURG: Para mim, é difícil dizer a fala do trono quando, ao meu redor, há poucas pessoas.

K.S.: Como poucas? Mas é Polônio! Será que você sabe o que é isso, falar do trono? Amanhã, será noticiado em todos os jornais, não somente do seu país, mas também de outros países. Você entende o que é essa responsabilidade? Você entende que, se começar a confundir-se, isso causará uma má impressão em todos? Só por isso você deve expressar tudo corajosamente e de modo imponente. Agora, você tem uma boa transmissão da ideia. Há a linha da ação das palavras. Hoje, vocês tiveram a ação da palavra, e isso é muito valioso. Lembrem-se que vocês sempre agirão com a palavra quando tiverem uma linha física forte. A linha física – esse é o trilho para o caminho pelo qual, se fortemente calçados, vocês podem ir para todos os lados, para qualquer lugar. Eu posso presenteá-los com outras circunstâncias propostas, mas vocês não devem se perder nelas, e sim conduzir sua linha física.

GUÍNZBURG: Em Shakespeare, o texto é tão rico que, quando eu começo a falar sobre ele, expresso muitas ideias no lugar de uma do autor; para mim, é difícil retornar ao texto e dizer tudo numa única frase.

K.S.: Se atrás de uma única frase há muitas ideias, isso a enriquecerá. O mais importante é que vocês não percam o que adquiriram. O principal é que o texto não repouse sob os músculos da língua.

VIÁKHIREVA: Isso quer dizer que é necessário ir pela linha de ampliação das circunstâncias propostas?

K.S.: Sim, e é necessário não se conduzir pela maneira de falar, mas pela ideia, pela visualização.

(*Martiánov pergunta como falar se, pelas circunstâncias propostas, é necessário falar em sussurro. K.S. traz como exemplo Salvini, quando este sussurra no papel de Otelo.*)

VIÁKHIREVA: Quer dizer que é necessário partir do fundamento que os estudantes falem significativamente, exato e alto.

K.S.: Sim, necessariamente. Se você disser as mais belas ideias de forma não exata, ninguém se comoverá. Lembrem-se, quando vocês falam baixo, de modo impossível de ser escutado pelas pessoas que estão ao redor, isso quer dizer que não têm certeza daquilo que falam, e não avaliaram suficientemente as circunstâncias propostas. Provavelmente, vocês estão agindo, mas a metade da frase eu não escuto. Quando não dominam a voz, quando não conseguem falar a ideia de forma clara, forte, exata, quando não conseguem transmitir o som como se ele voasse para os ouvintes, vocês tentam cobrir essas insuficiências com voz exagerada. Isso resulta em ênfase, mas o som sai de vocês da mesma maneira e não alcança onde é necessário.

VIÁKHIREVA: Pode-se dar aos estudantes trajes, capas, esporas, espadas?

K.S.: Capas, esporas, espadas já se pode dar. Deixe que se acostumem. Chegando ao estúdio, permita que o elenco de *Hamlet* vista capas. Eu mostrarei como utilizá-las. E, ao protagonista de *Hamlet*, pode dar o traje.

13 de Junho de 1938[31]

VIÁKHIREVA: Eu gostaria que o senhor visse nosso trabalho sobre *Hamlet* e nos ajudasse.

K.S: É claro, é necessário inicialmente vê-lo.

(*para os estudantes*) – Adotem nos assentos uma posição realmente confortável para sentirem-se melhor, como em casa. Agora, vocês estão sentados na plateia.

VIÁKHIREVA: Mantendo todas as regras de boas maneiras.

K.S.: Em que sentido? Não é necessário relaxar como após o banho. Aqueles músculos que devem estar tensos deixem-nos tensos, mas vocês devem estar totalmente livres. Cheguem até onde possam dizer: "estou sentado tranquilamente, é impossível ficar mais tranquilo". Frequentemente, consegue-se essa liberação, essa liberdade nas ações; ficar preso na imobilidade também não vai servir para nada.

VIÁKHIREVA (*para os estudantes*): Olhem para o tapete e digam quantas flores há nele.

K.S.: Por acaso vocês não podem fazer isso na posição em que estão sentados?

31 I.N. Vinográdskaia, op. cit., p. 503-512.

ESTUDANTE: Mas as flores se misturam.

K.S.: Sim, se isso for necessário...

VIÁKHIREVA: Tânia, para você, quantas há?

ESTUDANTE (*conta*): Sete.

VIÁKHIREVA (*para o estudante*): Se você saísse da entrada e fosse à direita, o que veria?

ESTUDANTE: Saí pelo portão. Na minha frente, vejo o museu Kustarnii, e vou dobrar à direita. Neste lado, há um grande edifício de três andares. Em frente do consulado alemão, sempre está um policial. Também lá, sempre se encontra uma motocicleta estacionada. Vou adiante. Encontro um portão, depois uma casa branca. A travessa está à direita. Eu sigo à frente. Passo pela rua de Stanislávski[32] e, à esquerda, há ainda outra travessa, não lembro como ela se chama.

VIÁKHIREVA: Lembrem o que vocês fizeram hoje pela manhã e, então, andem de forma que se sintam confortáveis.

K.S.: Pensem sobre os músculos, para que eles estejam livres.

VIÁKHIREVA: Quando lembrarem, comecem a tamborilar o ritmo.

(*Os estudantes tamborilam o ritmo.*)

K.S. (*para Viákhireva*): Nesse ritmo, não se deve começar a trabalhar, é necessário tranquilizá-los. Distrair com algo a atenção dos estudantes. Lembrem que vocês, no início, não entendiam o significado da "toalete do ator".

ESTUDANTE: Antes, nós fazíamos a "toalete" pela "toalete", mas, quando começamos a fazer a "toalete do ator" para a peça, ela passou a nos ajudar muito. Antes, nós a fazíamos sem objetivo – simplesmente não compreendíamos sua utilidade.

K.S.: Isso é a afinação. Não se deve tocar um instrumento sem afiná-lo. O treino consiste em obter o estado de espírito verdadeiro, obter o genuíno estado de ânimo do meio do dia. Aqui, é necessário

32 Nota de Vinográdskaia: em função do aniversário de 75 anos de Stanislávski, mediante o decreto de Presidium do Soviete Supremo, a travessa Leontiévski, onde ele viveu, passou a levar o seu nome.

disciplinar todos aqueles fatores que utilizamos para a atuação. É preciso atingir o verdadeiro estado, isto é, o "posso atuar".

VIÁKHIREVA (*para Rósanova*): Ira, ache algum lugar e todos os demais vão adaptar-se a partir de você. (*realizam a tarefa*) Agora, Tânia Krasnúchkina e todos os demais devem adaptar-se por ela. (*realizam a tarefa*)

Coloquem os móveis para *Hamlet*. (*Ensaios das cenas de* Hamlet.)

K.S.: Como vocês se sentiram? O que saiu e o que não saiu? O que não foi agradável? O príncipe como está?

RÓSANOVA: De diferentes maneiras.

K.S.: Onde, o quê? Relate, fale.

RÓSANOVA: Na primeira cena com o rei, eu não senti nada. Como isso chegou ao senhor? Eu tenho pelo rei uma grande antipatia. Quanto à mãe, acho que eu a amo mais, que é necessário falar com mais amor: "Mãe, o que tu estás fazendo, recobre os sentidos." Para mim, é muito difícil esse monólogo.

K.S: Você viu a troca de olhares entre o rei e a rainha? Ele está no trono, ela está alegre. Se você fosse Hamlet, o que faria? Entre nesse estado.

RÓSANOVA: Eu me esforçaria para entender, indagaria; como não posso simplesmente interrogar, é necessário mergulhar nesse trabalho, questionar por que tudo isso aconteceu.

K.S: Aprofunde. Nesse monólogo de Hamlet, não há mais nada que você possa fazer, porque, antes disso, já apresentou tudo. Antes de começar a odiar, é necessário orientar-se de alguma maneira: como viver, para onde ir etc. Pela peça, Hamlet não entenderá logo tudo. Ele ainda se dirige para a mãe. Simplesmente, olhe: como é que isso poderia ter acontecido tão rapidamente? Você já representou tudo. Veja o que significa a falta de lógica. Você saiu sem lógica e atuou aquilo que na peça ainda não existe. Note que o rei e a rainha se entreolham e, internamente, em Hamlet, algo desabou. Ele mal pode se conter para não invadir a alma da mãe. O que é isso? Que rei é ele? Você não pode aceitar isso.

RÓSANOVA: Aqui, há conflito…

K.S.: O conflito principal significativo será mais adiante. Quanto vocês precisam ainda entender! O pai morreu, a mãe se casou. Com isso, é necessário se conformar. E se ligar na vida. Isso deve ser digerido de algum modo. Vocês sabem tudo desde o início da peça, toda a peça já é conhecida, mas como manifestaram imediatamente o conhecimento, não têm mais nada a atuar. Vocês percebem como a peça está escrita? Toda a ação está contida nas palavras. Vocês ainda não possuem a ação da palavra. Hoje, nove décimos eu não entendi, porque vocês não fizeram o acento correto. Há palavras, mas não frases. O que é difícil na peça de Shakespeare? Aqui, não há nenhuma palavra que seja possível omitir, não entender. Aqui, há o pensamento da pessoa, e, se vocês o suprimirem, jogarão fora alguma parte da peça. Dezenas de palavras e ideias não chegam a vocês. No sentido da dicção, no sentido de moldar as frases, vocês não fizeram nada. Nós não falamos a respeito da ação da palavra; a dicção de vocês está muito fraca. Vocês entendem como isso é importante aqui? Vocês começam como que moldando a voz. Lembro que quando falavam com as próprias palavras, expressavam muito bem a ideia. Agora, eu já não entendi nada. Se não há ação, e vocês não têm consciência de que as palavras expressam ação, então, surge por parte do ator a representação de sentimentos, ou seja, inicia-se a inábil afetação, a ênfase. E, graças a Deus, é inábil; se fosse habilidosa, seria ainda mais difícil corrigi-la.

No que vocês precisam se esforçar para conseguir isso? Vocês não devem ficar confusos por eu criticá-los. Mas vocês pegaram como trabalho aquilo com o que um ator deve terminar sua carreira. Alta dificuldade em nossa arte – isso é *Hamlet*. Mas eu o dei a vocês. Vocês, em *Hamlet*, entenderão tudo o que os sentimentos e as palavras grandes exigem. O que há aqui de ruim? Nada! Vocês vão procurar viver com *Hamlet* – dessa melhor obra de arte. Vocês escolheram o papel de *Hamlet* com base no raciocínio de que têm temperamento forte.

RÓSANOVA: Não, claro, eu não vou parar nisso. Aqui, é exigido um trabalho colossal.

K.S.: Vocês fizeram um trabalho enorme, extenuante, um trabalho importante. Se vocês, nesse trabalho, alcançarem êxito, isso pode ser comparado a cem peças de Ostróvski. Assim, esforcem-se para superar todas as dificuldades. As dificuldades são enormes, mas essas dificuldades não são restritas a essa peça; boa dicção deve haver em todas as peças, autodomínio deve haver em todas as peças, ação da palavra deverá haver em todas as peças. Dessa forma, tudo aquilo que fazemos aqui é necessário em outras peças também, mas é mais difícil de conseguir em *Hamlet* do que em outras. Então, tudo deve ser extraordinariamente simples. E, logo que buscam simplicidade, vocês conseguem trivialidade, vulgaridade, algo mesquinho. Isso significa que não é necessária a simplicidade? Não, a simplicidade é necessária, mas, diante disso, vocês devem ter a voz colocada, devem dizer a frase sem pressa: falar a frase e esperar: será que ela foi? Deve haver um domínio incrível, amor pela frase, pela ideia. Quando houver tudo isso, vocês amarão a palavra, e poderão sentar-se totalmente tranquilos, e o espectador poderá comentar: "Por favor, não é preciso mais nada, nenhuma *mise-en-scène*, já não há nada a acrescentar."

Experimentem simplesmente dizer o texto pelo sentido. Por que vocês não fazem algo agora? Deixem-me escutar como soam as palavras.

RÓSANOVA: Eu estou me concentrando.

K.S.: Vocês estão aglutinando o sentimento que necessitam. Contra a sua consciência, estão se preparando para representar o sentimento. Não se deve fazer isso. Se eu lhes peço para dizer somente a própria ideia, vocês vão ver que o sentido verdadeiro da palavra os puxa para a emoção. Mas se tentarem transmitir os sentimentos, eles fogem de você.

Não esqueçam de Salvini: somente no quinto ato das tragédias *Otelo* ou *Hamlet*, aflige-se, emociona-se, e, por, no máximo meia hora, no restante do tempo ele fala, transmite a ideia.

Eu quero dar em suas mãos o que ajudará vocês a pegar o papel pelo próprio coração. Experimentem falar a ideia, mas expressando bem somente esse sentido. Esforcem-se para transmitir as imagens dessa ideia. Peguem a peça e falem o texto pelo sentido.

RÓSANOVA: Oh, se esta densa carne poluída
Caísse como orvalho...

K.S.: Eu não entendi para que vocês necessitam disso. Expliquem o sentido. O que isso quer dizer. Vocês se apressam muito, mas têm que desenhar o quadro. (*lê o texto do papel*) O que é isso? O que aconteceu?

RÓSANOVA: Oh, se esta densa carne poluída...

K.S.: Você não tem o direito de parar nem por um segundo. Não tem o direito de interromper o som. Isso deve ser uma nota contínua. Você não tem cantilena. Toda a frase deve ser entregue assim, sem que em nenhum lugar seja interrompida.

RÓSANOVA: Oh, se esta densa carne poluída
Caísse como orvalho, como neblina se evaporasse...

K.S.: Isso tudo é um quadro enorme. "Caísse como orvalho..." – e deve ser contido. Onde você faz o acento? Aqui, você tem tal pressa! Quando você fala uma frase grande, não deve separar o sujeito do predicado, eles devem estar juntos, ligados, mas não tropeçar um no outro. Deve haver forma. Não podem ser duas notas iguais.

(*repetição*)

K.S.: Por que às palavras "como neblina" você está dando esse significado? Você não está indo pelo caminho correto, está indo pela respiração, pela pronúncia. "Como neblina se evaporasse" – isso deve ser uma frase acabada. Vá adiante, molde outra frase. Não despeje uma atrás da outra. Isso quer dizer: sobre o que você está falando?

RÓSANOVA: "Oh, se não tivesse o Eterno proibido, o pecado do suicídio..."

K.S.: Dois adjetivos, dois substantivos, o caso genitivo. Você começa a apressar essas palavras – "Oh, se não tivesse o Eterno..." Esse ritmo fica. Percebam que a frase cresce em vocês. Falem isso com amor: "o pecado do suicídio". "Se" é a sílaba mais alta. Vá daqui para a nota mais alta: "Oh, Deus meu, oh, Deus misericordioso..." Somente aumenta, não precisa mais nada. Onde está a dificuldade aqui? Está em ser necessário ir até o fim da fala.

Eu aconselho vocês a, diariamente, pegar qualquer página de jornal e ler cada palavra até o fim, para experimentar sentir a palavra. Quando aprenderem a ler dessa maneira, junto com uma boa colocação da voz e com a respiração correta, essa nota já soará como a de uma gaita de fole e em vocês haverá cantilena. Isso tudo é terrivelmente importante. Nisso consiste todo o segredo.

Se sua voz não soa, não vibra, não produz ressonância, você começa a procurar algo que a obrigue a soar. Então, iniciam-se todas essas coisas. O que origina essa má ênfase? Simplesmente: a voz não soa, não está colocada. Assim, fiquem sabendo o quanto é importante a colocação da voz. E colocação da voz não é usá-la naquilo que cantarão uma vez em três, cinco dias. Não é nisso que reside o trabalho. Vocês devem entender de quais exercícios precisam. Vocês dirão que não têm instrumento. Mas podem usar o diapasão, o assobio. Lembro como eu treinava minha voz, na América. Lá, nos hotéis, não se pode cantar alto. Mas há pequenas peças onde se penduram os vestidos. Eu entrava nesses armários e me trancava, e ali cantava[33].Quando voltei para casa, em Moscou, Nemiróvitch-Dântchenko não reconheceu minha voz pelo telefone. No enterro de Jújlin, fiz um discurso na rua, perto da entrada para o Teatro de Arte[34].

33 Nota de Vinográdskaia: o Teatro de Arte, guiado por Stanislávski, estava em *tournée* artística, nos Estados Unidos, em 1923-1924.

34 Nota de Vinográdskaia: em 25 de outubro de 1927 (dia do enterro do ator e diretor do teatro Mali, A. Jújlin) Stanislávski discursou perto do edifício do TAM, onde parou o cortejo fúnebre com os restos mortais de Jújlin no caminho do teatro Mali até túmulo de Novodevitchi Monastir. Stanislávski "com grande elevação fez o discurso, quando carregaram o caixão ao lado do TAM", escreveu Lújski para Nemiróvitch-Dântchenko, "Não sei, pode ser porque a travessa era estreita e as portas do teatro foram abertas... mas a voz do idoso tornou-se de tal forma forte que a emoção originou nele a verdadeira ênfase, e o discurso provocou enorme impressão. N.D. número 8958".

Dessa forma, toda a pergunta diz respeito aos exercícios diários. Se eu agora cantasse antes de falar com vocês, poderia falar durante cinco horas. Quanto mais, melhor será. Forte, fortíssimo vai soar em vocês, se houver piano e pianíssimo.

No início, é necessário obrigar-se a trabalhar. A voz sai como forte lança aguda e, nessa ponta, é necessário vestir as palavras. Já faz tempo, uma cantora me falou que sorver ao mesmo tempo oxigênio pelo nariz e pela boca proporciona uma respiração mais rápida e completa.

ESTUDANTE: Por acaso é possível respirar ao mesmo tempo pela boca e pelo nariz?

(*K.S. demonstra*)

MARTIÁNOV: É muito difícil. Extenua-me, cada vez, aquele enorme período da construção da frase, que corresponde às primeiras falas do rei, no qual eu não consigo de modo nenhum me orientar. Não há respiração suficiente e não sei onde buscá-la.

K.S: Aqui, há até vinte respirações. (*mostra*) Qual é o sentido dessa frase e como transmiti-lo? Você se casou com a irmã e rainha. É necessário ir até embaixo e, depois, até o alto. "A irmã e rainha – herdeira de um país guerreiro, nós, como se estivéssemos com o triunfo perturbado (*pausa*), pegamos como esposa..." A citação diz tudo. Na prosa, também deve haver ritmo. Em cada sentença, há alguns ritmos. Por exemplo, Gogol possui um ritmo extraordinário. Isso deve ser expresso de forma exata. Mas, em Shakespeare, existe a precisão de um tratamento especial.

Quando você fala: "Prezados companheiros..." etc. – esse é um ritmo. Quando é em *Otelo*, no Senado, já deve falar: "Respeitáveis e nobres senhores..." – o que é totalmente diferente.

Vocês percebem como é necessário não se apressar? Vocês não podem, ao dizer seu monólogo, não o sentir. Se falarem com precisão, o público os seguirá pela linha pela qual o conduzirem.

ESTUDANTE: Mas como chegar a isso mais rápido?

K.S: Quanto maior for a frase, quanto mais espessa, tanto mais é necessário precisão para levá-la até o fim. Peguem a tal fala do "trono": "Romanos, concidadãos, amigos..."[35] Que pausas devem ser feitas para chegar até o povo? Percebem em que porções é necessário transmitir isso?

RÓSANOVA: Certamente, na comunicação com o *partner*, a frase poderá construir-se, se analisarmos o texto logicamente. E quando for monólogo? Então, eu devo colocar perguntas para mim e respondê-las. Ou possuir um objeto imaginário.

K.S: Aqui, há uma comunicação, o cérebro, mas a outra é o plexo solar. Uma é a ideia, a outra é o sentimento, e quando a cabeça fala com o plexo solar, você pode dizer a ele: sim, pois eu lhe falei isso e isso... Ou vocês possuem o objeto imaginário e passam a ele. Portanto, tudo depende das circunstâncias propostas. Mas, realmente, esse é o tipo de comunicação mais difícil. Como se trata do papel de Hamlet, é necessário falar sobre isso?

ESTUDANTE: Por favor, fale!

K.S.: A mãe não sabe de nada, não entende nada, morrerá e não entenderá nada. Como salvá-la?

Você, Hamlet, deverá pegar a espada e caminhar, andar por todo o palácio e limpar tudo, somente assim você poderá salvar o pai. Como um messias, você deve seguir, caminhar por todo o mundo e limpá-lo. Essa é a ideia, essa é a tarefa dada a Hamlet pelo pai, e você deve realizá-la, pois somente realizando-a irá se sentir bem.

Assim, você descobriu que o pai foi morto, e não entende nada: como pode haver tais pessoas, como pode a mãe, sem gastar um par de sapatos, ser feliz com outro?! Em seguida, aparece o Fantasma do pai. Agora, você fala com o Fantasma como a um soldado, mas, na realidade, ele é um homem agoniado, no limite das suas forças. Aqui, você novamente descobre algo novo e especial. Qual é o superobjetivo de Hamlet?

35 Nota de Vinográdskaia: palavras iniciais da fala de Brutus diante do povo, depois da morte de César em *Júlio César*, ato III, cena 2.

ESTUDANTE: O homem que se enfrentou com a vida.

K.S.: Isso diz respeito ao conteúdo, mas qual é o superobjetivo?

ESTUDANTE: Procurar a verdade da vida.

K.S.: O conhecimento da existência. Para quê, por quê, o quê.

RÓSANOVA: Quando eu fiz assim, disseram-me que saí a alguma filósofa.

K.S.: O conhecimento da existência. Entender por que tudo aquilo pôde acontecer. Chega o Fantasma do pai: é necessário olhar o Fantasma, saber tudo sobre ele, o que for possível. Chega Ofélia: é necessário perscrutar sua alma. Hamlet quer saber tudo, mas não consegue raciocinar de maneira nenhuma. Com algumas palavras, façam todo o possível para saber, conhecer, tudo aquilo que a vocês não é dado. Vocês sofrem porque não podem fazer o impossível.

(*Ensaiam as cenas desde o início.*)

K.S: Como fazer para não falar sobre os sentimentos? É preciso achar alguma ação que leve ao estado de ânimo necessário. Vocês não podem entender como sua mãe recebeu a morte do seu pai e como logo se casou com outro. Tentem entender e confirmar o que é esse Fantasma do pai; esforcem-se para saber do pai tudo aquilo que ele lhes pode falar.

Depois – lembram-se da cena do juramento? Vocês precisam reconstruir a vida na terra – então, isso será bom para o pai – e prometem morrer em luta por isso. De qualquer forma, Hamlet morre sem realizar tudo. Esse é o conhecimento da existência. Esforçar-se para entender tudo, fazer tudo para saber a verdade. Há o encontro com Horácio. Você precisa de Horácio. Você deve incluí-lo numa corrente de circunstâncias, ele deve ajudá-lo.

RÓSANOVA: Eu quero saber dele... entender o que ele sabe.

K.S.: Você não pode falar tudo a ele, apesar de ele saber muito, porque viu o Fantasma. Ele, querendo ou não, participou de seu segredo. Em qualquer caso, Horácio é uma figura muito importante para vocês.

Após o encontro com o Fantasma do pai vocês já vão reagir em relação a tudo. Falar ao Fantasma como vocês falam é impossível.

RÓSANOVA: Nós fomos ao encontro de um homem vivo.

K.S.: Se este Fantasma falasse tão alto, tudo seria muito mais fácil para vocês. Caso contrário, torna-se muito difícil saber algo sobre ele. Mas com vocês tudo não passa de conversas francas apenas. Isso é claro, depende da atuação do Fantasma, e da de vocês também.

RÓSANOVA: A saída na praça. O senhor não entendeu nada aqui?

K.S.: Entendi pouco. Isso não foi uma conversa com o Fantasma, mas sim com um bravo soldado.

FROMGOLHD: Como achar a leveza, como se transformar em Fantasma?

K.S.: O Fantasma é algo instável, vacilante. O Fantasma se esconde. Aproximar-se dele não é possível.

RÓSANOVA: Nós gostaríamos muito que o senhor dissesse do que gostou e do que não gostou naquilo que viu.

K.S.: Quando vocês agiram verdadeiramente foi bom. Por exemplo, no encontro com a mãe, a rainha e o rei Cláudio, depois no momento da espera pelo Fantasma, houve momentos vivos.

Observe se eu verei desse príncipe, esquecido das regras de bom-tom, a etiqueta. Olhando para longe… (*mostra*) Achar a verdade… Analisar o que aconteceu… Como uma tarefa matemática inculcada em si – como isso poderia acontecer. (*mostra*) Anda, novamente volta. "Deus meu, Horácio!" Joga-se para ele. "Mas como, como tu estás?" E, de repente, a novidade sobre o Fantasma do pai. É necessário entender essa notícia. Isso é clareza da atenção. Então, não há o que atuar. Se o Fantasma é realmente o rei, seu pai, isso significa que, para além do grande mundo, em você começa a surgir algo novo…

RÓSANOVA: Isso quer dizer, falar sussurrando?

K.S.: Falar idealmente em sussurro é terrivelmente difícil. Aqui, trata-se da ação mais simples – conhecer!

RÓSANOVA: Eu, todo tempo, procuro, procuro e de nenhum jeito consigo encontrar o que necessito. Ou eu faço uma coisa, ou faço outra. O pai fala que é necessário vingar-se pelo triste assassinato.

K.S.: Essa tarefa não pode ser resolvida logo.

RÓSANOVA: Mas ele me comunica que é necessário vingar-se pelo triste assassinato.

K.S.: No início, é necessário somente entender.

RÓSANOVA: Eu entendo que é necessário não fazer nada, e assim mesmo faço algo, obrigatoriamente.

K.S.: Isso significa o não lógico. A não lógica sempre vai para o ofício (representação calcada em clichês).

Hamlet está inteiramente orientado para uma finalidade. Ele olha tudo, observa a vida, penetra na sua essência.

RÓSANOVA: E que diferença há entre antes e depois do aparecimento do Fantasma?

K.S.: Antes do Fantasma, havia "vossa excelência", depois do Fantasma... (*mostra*) Se lá é assim e aqui é isso, para que viver no mundo... (*mostra*)

RÓSANOVA: Quando o Fantasma vai embora, retira-se, o senhor também não nos entendeu totalmente?

K.S.: Não muito.

RÓSANOVA: Eu entendo que havia uma pessoa, e que não há mais essa pessoa. Pois ele esteve aqui, falou comigo e – desapareceu. É necessário realizar isso.

K.S.: Quais são as palavras aqui? Com quem se comunicar? Com Horácio? A quem recorrer? Não, é necessário que seja de outra maneira. É necessário gastar toda a vida para saber a verdade, conhecer o mistério da existência.

RÓSANOVA: Mas em nós houve relação com Horácio, somos amigos. Isso chegou ao senhor?

K.S.: Aqui, há a mais simples ação. (*mostra*)

RÓSANOVA: Quando Horácio me pergunta o que aconteceu, como lhe explicar isso?

K.S.: Você não pode dizer a ele tudo aquilo que seu pai lhe revelou. Isso você não vai contar a ninguém no mundo, jamais falará sobre isso. Haverá qualquer mentira, mas não dirá a ninguém a verdade.

RÓSANOVA: Quando Horácio e Marcelo chegam à praça, depois do meu encontro com a Sombra, eu ainda vivo aquele momento. Mas todos exigem explicações sobre o que aconteceu. Eu quero compartilhar com alguém, e, ao mesmo tempo, não consigo falar nada a eles.

K.S.: Você não pode falar. Você fala que isso é horrível, mas entrar em detalhes não tem nenhum direito. Você não pode falar para eles nem sim, nem não.

RÓSANOVA: E quando Hamlet fala que pode viver sorrindo, e com um sorriso canalha?

K.S.: Você investigue o que quer dizer observar, penetrar, conhecer... Todas as formas, as nuances do conhecimento, todas as vias para isso. Pode ser que Hamlet interprete o papel de um louco. Pode-se explicar desse modo. Uma pessoa que descobriu o que Hamlet descobriu não pode ser normal para nós, pessoas simples.

RÓSANOVA: Como devemos conduzir o trabalho?

K.S.: Esse é um trabalho muito importante e é necessário, junto com todos os grupos, realizar trabalho semelhante. Vai haver *As Três Irmãs,* o que é maravilhoso. Mas, e Shakespeare, como fica? Esse trabalho deve continuar sempre. Ao final, vocês devem permitir que representem *Hamlet.* Para vocês, esse é um trabalho muito grande: vocês devem colocar a voz, e nas suas pernas não devem vestir malhas. Exercitem-se em casa, aprendam a fazer exercícios com a postura das pernas.

(*Os estudantes fazem exercícios.*)

K.S.: Quando você dança, como coloca as pernas? Por exemplo, no século XVIII, como você pode representar com tais pernas? Você deve ter uma postura leve, é necessário girar as pernas a partir dos quadris.

RÓSANOVA: Fale o que foi ruim. Nem que sejam palavras gerais.

K.S.: Houve alguma coisa boa, mas houve pouca ação. Quando você começa a agir, cai na ênfase. Ação da palavra não houve; quando casualmente aparecia, era muito agradável. É necessário que vocês, por meio deste trabalho, entendam o quanto é importante a ação na palavra. Se vocês agirem sem ritmo, vai ser ridículo. É necessário representar Shakespeare com total simplicidade; se fazem um gesto, é preciso levá-lo, obrigatoriamente, até o fim.

KRASNÚCHKINA: Eu queria perguntar sobre Ofélia.

K.S.: Antes de tudo, ache-se no papel, então o papel surgirá em você. Ela fala baixo. Falar baixo significa estar confusa. Além disso, você não agiu, portanto não entendemos nada. E disso realmente não necessitamos. Qual Ofélia, ainda é cedo para falar. Mostre quem é você no papel, então lhe dirão como deve ser sua Ofélia.

PIÁTNITSKAIA: Eu, como rainha, não consigo nada. Ou sou orgulhosa demais, ou arrogante demais.

K.S.: Rainha – isso é rainha. A rainha deve ser proclamada no mundo todo. No início, é necessário conseguir que cada palavra da rainha seja fundamental para você. Você teme as palavras. Quando começa a falar baixo isso quer dizer – a atriz não está no papel.

PIÁTNITSKAIA: Eu amo o filho e o marido, pois as pessoas estão sentadas ao redor. Meu marido, hoje, apresenta-se pela primeira vez à esplendida sociedade.

K.S.: Essa é uma recepção comum. Mandam o mensageiro.

MARTIÁNOV: Eu todo o tempo temia essa cena.

K.S.: Mas você está no trono, e isso já é esplêndido. Trata-se de um ato político de importância muito grande; pois pode mandar o mensageiro de seu país a outro país. Você não pode sentar no trono e palitar os dentes. E você tem muito pouca oficialidade: ela deverá ser muito maior. Você pensou não sobre o que fazer, mas como fazer.

MARTIÁNOV: O senhor falou que, se o ator fala baixo, significa que tem medo. Mas isso pode ser outra coisa. Eu, agora, falei alto.

K.S.: Você ainda não possui fé nas palavras.

MARTIÁNOV: Falando francamente, eu tenho medo de uma ideia lindamente construída. Ela não me caracteriza muito, e eu temo, como se não conseguisse comicidade.

K.S.: Por que não falar belas ideias? Isso, claro, é necessário saber fazer.

(*para os estudantes*) – A sua principal tarefa: técnica e técnica. Sacrifiquem alguns anos da sua vida para estudar a técnica do ator, porque depois não vão ter mais tempo. Hoje, vocês não têm uma postura acabada, a palavra não vai com a língua. Aquilo de verdadeiro que vocês agora adquirirem evitará que caiam no ofício. Então, agarrem-se nisso.

Há entre vocês os que dizem: "nós já somos atores, precisamos atuar". Todos imaginam que podem ser artistas, atuar, cantar, e todos vão ser artistas no teatro. Mas perecem. A arte é muito difícil. Por que difícil? Porque exige trabalho diário, sistemático e constante.

Bibliografia

De Konstantin Stanislávski:

Pólnoie Sobránie Sotchinéni v 8 Tomakh:

t. 1: *Moiá jizn' v Iskússtve* (Minha Vida na Arte). Moskva: Iskusstvo, 1954.

t. 2: *Rabota Aktiora Nad Soboi: Rabota Nad Soboi v Tvórtcheskom Protsésse Perejivânia* (O Trabalho do Ator Sobre Si Mesmo: O Trabalho Sobre Si Mesmo no Processo da Criação da Vivência). 1954.

t. 3: *Rabota Aktiora Nad Soboi. Rabota Nad Soboi v Tvórtcheskom Protsésse Voploschênia* (O Trabalho do Ator sobre Si Mesmo: O Trabalho Sobre Si Mesmo no Processo da Encarnação). 1955.

t. 4: *Rabota Aktiora Nad Róliu* (O Trabalho do Ator Sobre o Papel). 1957.

t. 5: *Stat´i, Réchi, Zamétki, Dnevniki, Vospominânia* [1877-1917] (Artigos, Palestras, Anotações, Diário e Recordações). 1958.

t. 6: *Stat´i, Rechi, Zamétki, Dnevniki, Vospominânia* [1917-1938] (Artigos, Palestras, Anotações, Diário e Recordações). 1959.

t. 7: *Pís´ma 1886-1917* (Cartas 1886-1917). 1960.

t. 8: *Pís´ma 1918-1938* (Cartas 1918-1938). 1961.

Moiá Jisn´ Iskússtve (Minha Vida na Arte). Moskva: Iskusstvo, 1962.

Vospominânia i Pís'ma (Memória e Cartas). Moskva: Progress, 1963.

El Trabajo del Actor Sobre Su Papel. Buenos Aires: Quetzal, 1977.

El Trabajo del Actor Sobre Si Mismo en el Proceso Creador de las Vivencias. Buenos Aires: Quetzal, 1980.

Moiá Jisn' v Iskússtve (Minha Vida na Arte). Moskva: Iskusstvo, 1983.

El Trabajo del Actor Sobre Si Mismo en el Proceso Creador de la Encarnación. Buenos Aires: Quetzal, 1983.

Mi Vida en el Arte. La Habana: Arte e Literatura, 1985.

El Arte Escénico. Ciudad de México: Siglo Veintiuno, 1985.

Iz Zapisnikh Kníjek 1912-1938 (Dos Cadernos de Anotações 1912-1938). Moskva: VTO, 1986. 2 v.

Trabajos Teatrales: Correspondencia. Buenos Aires: Quetzal, 1986.

Stanislávski Repetíruiet (Stanislávski Ensaiando). Org. I.N. Vinográdskaia. Moskva: MKHT, 2000.

Lesione al Teatro Bol´soj. Roma: Dino Audino, 2004.

Sobre Stanislávski e o "Sistema":

ABRAMIAN, D.N. (org.). *Stanislávski v Meniáiuschemsia Mire* (Stanislávski no Mundo em Transformação). Moskva: MKTS, 1994. (Materiais do Simpósio Internacional – de 27 de fevereiro a 09 de março de 1989.)

BOLESLÁVSKI, Richard. *A Arte do Ator*. São Paulo: Perspectiva, 1992.

CAVALIERE, Arlete; VÁSSINA, Elena. *A Herança de Stanislávski no Teatro Norte-Americano: Caminhos e Descaminhos*. Cotia: Ateliê, 2011.

CHUB, Iu.G. (org.). *Tipítcheskie Óbrazi na Stsene* (Imagens Cênicas Típicas). Moskva: Iskusstvo, 1953.

CRUCIANI, Fabrizio. *Registi pedagoghi e comunità teatrale nel novecento*. Roma: E&A, 1995.

DAL FORNO, Adriana. *A Organicidade do Ator*. Dissertação (Mestrado em Artes), Campinas, Universidade Estadual de Campinas - Unicamp, 2002.

EFROS, Alexei. *Proféssia: Regissior* (A Profissão do Diretor). Moskva: Iskusstvo, 1979.

EINES, Jorge. *Alegato en Favor del Actor*. Madrid: Fundamentos, 1985.

GONTCHÁROV, A.A. *Regissiôrskie Tetrádi* (Cadernos do Diretor). Moskva: VTO, 1980.

GORCHÁKOV, Nicolai M. *Las Lecciones de "Regisseur" de Stanislávski*. Montevideo: Pueblos Unidos, 1956.

____. *Vajtángov: Lecciones de Regisseur*. 2. ed. Buenos Aires: Domingo Cortizo, 1987.

GROTÓWSKI, Jerzy. De la Compañia Teatral a el Arte Como Vehículo: El Performer. Respuesta a Stanislávski. *Máscara – Cuaderno Iberoamericano de Reflexión Sobre Escenología*, Ciudad de México, ano 3, n. 11-12, 1993.

GUINSBURG, Jacó. *Stanislávski, Meierhold & Cia*. São Paulo: Perspectiva, 2001.

____. *Stanislávski e o Teatro de Arte de Moscou*. 2. ed. São Paulo: Perspectiva, 2001.

GUIPPIUS, S.V. (org.). *Stsenítcheskaia Pedagôguika* (Pedagogia Cênica). v. 2. Leningrad: LGITMiK, 1976.

IVÁNOV, Vladislav (org.). *Mnemozina: Dokuménti I Fákti iz Istórii Otétchestvennogo Teatra XX Veka, Istorítcheski Al´manakh Vípusk 2* (Mnemozina: Documentos e

Fatos da História Nacional do Teatro do Século XX). Moskva: Editorial URSS, 2000.

JIMENEZ, Sergio (org.). *El Evangelio de Stanislávski: Segun Sus Apostoles, los Apócrifos, la Reforma, los Falsos Profetas y Judas Iscariote*. Ciudad de México: Gaceta, 1990.

KALÁCHNIKOV, I.C. *Estetítcheski Ideal K. Stanislávskovo* (O Ideal Estético de K. Stanislávski). Moskva: Naúka, 1965.

KÉDROV, M.N. *Stat'i, Retchi* (Ensaios e Discursos). Moskva: VTO, 1978.

KISSÉLIOVA, N.V.; FRÓLOV, V.A. *Osnóvi Sistémi Stanislávskovo* (Fundamentos do Sistema de Stanislávski). Moskva: Fenix, 2000.

KLÍMOVA, L.P. *Soderjatel'nost' Stsenitcheskoi Formi* (A Riqueza do Conteúdo das Formas Cênicas). Leningrad: LGITMIK, 1977.

____. (org.). *Problémy Teórii i Práktiki Rússkoi Sovétskoi Regissúri – 1917-1925. Sbornik Statéi* (Problemas Teóricos e Práticos da Direção Russo Soviética – 1917-1925. Coletânea de Artigos). Leningrad: LGITMIK, 1978.

KNEBEL, Maria. *O Tom, Tchto Mne Kájetsia Osóbenno Vájnim* (Sobre o Que Me Parece Especialmente Importante). Moskva: Iskusstvo, 1971.

____. *Poésia Pedagóguiki* (Poesia da Pedagogia). Moskva: VTO, 1976.

____. *O Déistvennom Análise Piéci i Roli* (Sobre a Análise Ativa da Peça e do Papel). Moskva: Iskusstvo, 1982.

____. *Poética de la Pedagogía Teatral*. Ciudad de México: Siglo Veintiuno, 1991.

____. *El Último Stanislavski: Análisis Activo de la Obra y el Papel*. Madrid: Fundamentos, 1999.

____. *La Palabra en la Creación Actoral*. Madrid: Fundamentos, 2000.

KOKH, I.É. *Osnóvi Stsetchískogo Dvijênia* (Fundamentos do Movimento Cênico). Leningrad: Iskusstvo, 1970.

____. *Osnóvi Stsenítcheskogo Dvijênia* (Fundamentos do Movimento Cênico). Moskva: Prosvechtchenie, 1976.

KOKÓRIN, A.K. *Vam Priviet ot Stanislávskovo* (Saudações de Stanislávski Para Vocês). Moskva: A.K. Kokórin, 2001.

KOZLIANÍNOVA, I.P. (org.). *Kul'tura Stsenicheskoi Rechi* (A Cultura da Palavra Cênica). Moskva: VTO, 1979.

KRÍSTI, G. *Vospitânie Aktiora Chkóli Stanislávskovo* (Formação de Ator da Escola de Stanislávski). Moskva: Iskusstvo, 1978.

KUSNET, Eugenio. *Introdução ao Método da Ação Inconsciente*. São Paulo: FAAP, 1971.

____. *Ator e Método*. São Paulo/Rio de Janeiro: Hucitec/Funarte, 2003.

LÉBEDEVA, V.E. *Liúdi i Súd'bi: XX Vek* (Pessoas e Destinos: Século XX). Moskva: OGI, 2002.

LITVIN, B. *Masterstvo Regissiora: Poisk Obraznosti* (Maestria do Diretor: Busca da Expressividade). Perm: IPP, 2000.

LÍVNEV, D.G. *Stsenítcheskoe Perevoploschênie* (Metamorfose Cênica). Moskva: GITI, 1991.

MARINIS, Marco de. *In cerca dell'attore: Un bilancio del Novecento teatrale*. Roma: Bulzoni, 2000.

MÁSCARA – *Cuaderno Iberoamericano de Reflexión Sobre Escenología*, Ciudad de México, ano 3, n. 15, 1993. (Número especial: Stanislávski, Esse Desconocido.)

MEIERHOLD, V.E. *Stat'i, Pís'ma, Rétchi, Besêdi* (Artigos, Cartas, Discursos, Palestras). 2 v. Moskva: Iskusstvo, 1968.

____. *Comunicación: Textos Teóricos*. 2 v. Madrid: Comunicación, 1972.

____. *Tvórtcheskoe Naslédie* (A Herança Artística de V.E. Meierhold). Moskva: VTO, 1978.

MOLLICA, F. (org.). *Il teatro possibile: Stanislavskij e il primo studio del Teatro d'arte di Mosca*. Firenze: La Casa Usher, 1989.

NEMERÓVSKI, A. *Plastítcheskaia Virazítel'nost' Aktiora* (A Expressividade Plástica do Ator). Moskva: Iskusstvo, 1976.

NEMIRÓVITCH-DÂNTCHENKO, V.I. *O Tvórtchestve Aktiora* (Sobre o Trabalho Criativo do Ator). Moskva: Iskusstvo, 1973.

____. *Retsénzii, Ótcherki, 1917-1942* (Resenhas e Crônicas, 1917-1942). Moskva: VTO, 1980.

POLAMÍCHEV, A. *Masterstvó Regissióra: Déistvenni Análiz Piêci* (A Mestria do Diretor: A Análise da Ação da Peça/ A Profissão do Diretor: Da Análise à Concretização Cênica). Moskva: Prosveschênie, 1982.

____. *Masterstvó Regissióra: Ot Análisa k Voploschéniu* (A Profissão do Diretor: Da Análise à Concretização Cênica). Moskva: Iskusstvo, 1992.

POLIÁKOVA, E.A. *Poétika Drámy i Estétika Teatra v Románe* (A Poética do Drama e a Estética do Teatro no Romance). Moskva: RGGU, 2002.

PÓPOV, A.D. *Tvórtcheskoe Nasliédie: Vospominánia i Razmichliênia o Teatre* (A Herança Artística: Memórias e Reflexões Sobre Teatro). Moskva: VTO, 1979.

____. *Tvórtcheskoe Nasliédie: Stat'i, Dokládi, Vistupiênia* (A Herança Artística: Artigos, Comunicações, Discursos). Moskva: VTO, 1980.

RÉMEZ, O.Ia. (org.). *Mastertsvo Regissiora: Pérvi Kurs Sbórnik Naútchnikh Trudov*. (Maestria do Diretor: Primeiro Curso). Moskva: Gitis, 1982.

RIPELLINO, Angelo M. *O Truque e a Alma*. São Paulo: Perspectiva, 1996.

RUFFINI, Franco. *Teatro e boxe: L'atleta del cuore nella scena del Novecento*. Bologna: Società Editrice il Mulino, 1994.

____. Teatri sopra la pelle teatro sotto la pelle. *La Rivista del Manifesto*, n. 9, 2000.

____. *Stanislavskij: Dal lavoro dell'attore al lavoro su di sé*. Roma: Laterza, 2003.

RUGGIERI, Vezio. *L'esperienza estética: Fondamenti psicofisiologici per un' educazione estética*. Roma: Armando, 1997.

SCANDOLARA, C. *Os Estúdios do Teatro de Arte de Moscou e a Formação Pedagógica Teatral no Século XX*. Dissertação (Mestrado em Artes), Campinas, Universidade Estadual de Campinas – Unicamp, 2006.

SERRANO, Raúl. *Tesis Sobre Stanislávski: En la Educación del Actor*. Ciudad de México: Escenología, 1996.

SLÓNOVA, N. *Jisn' na Stsene* (A Vida na Cena). Moskva: Iskusstvo, 1971.

STRÓIEVA, M.N. *Regissiórskie Iskânia Stanilávskov – 1898-1917* (As Buscas do Stanislávski Encenador – 1898-1917). Moskva: Naúka, 1973.

____. *Regissiórskie Iskânia Stanilávskov – 1917-1938*. Moskva: Naúka, 1977.

STRÓMOV, Iu. A. *Put' Aktiora k Tvórtcheskomu Perevoploschéniu* (O Caminho do Ator Para a Metamorfose Artística). Moskva: Prosveschênie, 1980.

SULÍMOV, Mar V. *Natchálni Etap Rabóti Regissiora Nad Piésoi* (Etapa Inicial do Trabalho do Diretor Sobre a Peça). Leningrad: LGITMIK, 1979.

____. *Regissior Naediné s Piéssoi* (O Diretor em Solidão Com a Peça). [S.l: s.n.] 1999.

SZABÓ, D. *Traité de mise-en-scène. Méthode dês actions scéniques paradoxales*. Paris: L'Hartmattan, 2001.

TAKEDA, Cristiane L. *O Cotidiano de uma Lenda: Cartas do Teatro de Arte de Moscou*. São Paulo: Perspectiva, 2003.

TCHÉKHOV, Mikhail. *Para o Ator*. São Paulo: Martins Fontes, 1986.

____. *Literatúrnoe Naslêdie v Dvukh Tomakh* (Pesquisa na Literatura em Dois Tomos). Moskva: Iskusstvo, 1986. (Sob a redação científica de Maria Knebel.)

TOPORKOV, V.O. *Stanislávski na repetítsii* (Stanislávski nos Ensaios). Moskva: Iskusstvo, 1950.

____. *Stanislávsky Dirige*. Buenos Aires: Compañía General Fabril, 1961.

____. *Stanislavskij alle prove: Gli ultimi anni*. A cura di Fausto Malcovatti. Milano: Ubulibri, 1991.

TOVSTONÓGOV, G.A. *Krug Mýslei* (Círculo dos Pensamentos). Leningrad: Iskusstvo, 1972.

____. *Zérkalo Stséni* (O Espelho da Cena). Leningrad: Iskusstvo, 1980. 2. v.

____. *La Profesion de Diretor de Escena*. La Habana: Arte y Literatura, 1980.

____. Zametki o Teatral'noi Improvizatsii (Apontamentos Sobre a Improvisação Teatral). *TEATR*, Moskva, n. 4, apr. 1985.

____. *Premiéry* (Estreias). Moskva: Artist. Regissior. Teatr, 1994.

TSIMBAL, S. *Tvórtcheskaia sud'ba Pevtsova* (O Destino Artístico de Pevtsov). Moskva/Leningrad: Iskusstvo, 1957.

VAJTÁNGOV, E. *Lecciones de Regisseur*. Buenos Aires: Quetzal, 1987.

____. *E. Vajtángov: Teoria y Práctica Teatral*. Edición de Jorge Saura. Madrid: Publicaciones de la Asociación de Directores de Escena – ADE, 1997.

VARPAKHÓVSKI, L. *Nabliudiénia, Análiz, Ópit* (Anotações, Análise, Experiência). Moskva: VTO, 1978.

VÁSSINA, Elena; LABAKI, Aimar. *Stanislávski: Vida, Obra e Sistema*. São Paulo: Funarte, 2016.

VINOGRÁDSKAIA, Irina N. (org.). *Stanislávski Repetíruet: Zapisi i Stenogrami Repetitsii* (Stanislávski Ensaiando). Moskva: Moskóvski Khudójestveni Teatr (MKHT), 2000.

VLADÍMIROV, S.V. *Redaktsiónnaia Kolléguia: U Istókov Regissuri* (Nas Origens da Direção Teatral). Leningrad: LGITMiK, 1976.

VLADÍMIROVA, Z.M.O. *Knebel*. Moskva: Iskusstvo, 1991.

ZABOZLAEVA, T.B. (org.). *Iz Istórii Rússkoi Sovétskoi Regissúri: l930-kh Godoi* (Da História da Arte de Direção Russa). Leningrad: LGITMiK, 1979.

ZAKHAVA, V. *Masterstvó Aktiora i Regissiora* (A Profissão do Ator e do Diretor). Moskva: Prosveschênie, 1978.

ZINGERMAN, B.I. *Sviazúiustchaia Nit' Pissátelei i Regissiórov* (O Fio de Ligação Entre Autores e Diretores). Moskva: OGI, 2002.

____. *Tchelovek v Meniáiuchtchemsia Mire. Zamétki na Temu Teatra XX Veka* (O Homem no Mundo em Transformação. Anotações no Tema do Teatro do Século XX). Moskva: Indrik, 2003.

____. *Bestsennie Uroki Stanislávskovo* (As Valiosas Aulas de Stanislávski). Moskva: Indrik, 2003.

____. *Teatr XX Veka: Zakonomernosti Razvítia* (O Teatro do Século XX: as Leis do Desenvolvimento). Moskva: Indrik, 2003.

ZVÉREVA, N.A. (org.). *Mastertsvó Regissióra i-v Kúrsi* (Maestria do Ator – Cursos de I-V). Moskva: Gitis, 2002.

Outras:

ABENSOUR, Gerard. *Maria Knebel: Uma Vida Para o Teatro no Tempo de Stanislávski e Stálin*. São Paulo: Perspectiva, 2018.

APPIA, Adolphe. *Attore, musica e scena*. Milano: Feltrinelli, 1983.

ARISTÓTELES, F. *Poética*. Tradução de Eudoro de Sousa. Lisboa: Casa da Moeda, 1986.

ASLAN, Odette. *O Ator no Século XX*. São Paulo: Perspectiva, 2003.

BARBA, Eugenio. *Além das Ilhas Flutuantes*. São Paulo/Campinas: Hucitec/Editora Unicamp, 1991.

____. *A Canoa de Papel: Tratado de Antropologia Teatral*. São Paulo: Hucitec, 1994.

BARBA, Eugenio; SAVARESE, Nicola. *A Arte Secreta do Ator: Dicionário de Antropologia Teatral*. Campinas: Editora Unicamp, 1995.

BENDER, Ivo C. *Comédia e Riso: Uma Poética do Teatro Cômico*. Porto Alegre: Editora UFRGS/Editora PUCRS, 1996.

BENTLEY, Eric. *O Dramaturgo Como Pensador. Um Estudo da Dramaturgia nos Tempos Modernos: Wagner, Ibsen, Strindberg, Shaw, Pirandello, Sartre, Brecht.* Rio de Janeiro: Civilização Brasileira, 1991.

BERGSON, Henri. *Matéria e Memória. Ensaio Sobre a Relação do Corpo Com o Espírito.* São Paulo: Martins Fontes, 1999.

BOUFFONNEERIES, Montreuil (Centre d'action culturelle de Montreuil), n 18-19, 1989. (Exercice (s) Le Siecle Stanislavski.)

____, Montreuil (Centre d'action culturelle de Montreuil), n. 24-25, 1991. (Exercice (s) 2 Le Siecle Stanislavski.)

BROOK, Peter. *El Espacio Vacío: Arte e Técnica del Teatro.* Barcelona: Nexos, 1986.

____. *O Ponto de Mudança, Quarenta Anos de Experiências Teatrais: 1946-1987.* 2. ed. Rio de Janeiro: Civilização Brasileira, 1995.

____. *A Porta Aberta.* Rio de Janeiro: Civilização Brasileira, 1999.

BROWN, Ron M. *El Arte del Suicidio.* Madrid: Síntesis, 2001.

CAMPBELL, Joseph. *O Herói de Mil Faces.* São Paulo: Cultrix/Pensamento, 1997.

CARLSON, Marvin. *Teorias do Teatro: Estudo Histórico-Crítico, dos Gregos à Atualidade.* Tradução de Gilson César Cardoso de Souza. São Paulo: Editora Unesp, 1995.

CAVALIERE, Arlete. *O Inspetor Geral de Gogol/Meyerhold.* São Paulo: Perspectiva, 1996.

CAVALIERE, Arlete; VÁSSINA, Elena; SILVA, Noé. (orgs.). *Tipologia do Simbolismo nas Culturas Russa e Ocidental.* São Paulo: Humanitas, 2005.

COPEAU, J. *Il luogo del teatro: Antologia degli scriti.* A cura di Maria Ines Aliverti. Firenze: La Casa Usher, 1988.

CRAIG, Edward G. *Del Arte del Teatro.* Buenos Aires: Libreria Hachette, [s.d.].

CRUCIANI, Fabrizio. *Il "luogo dei possibili".* In: GUCCINI, Gerardo; VALENTI, Cristina (a cura di). *Tecniche delle rappresentazione e storiografia.* Milano: Biblioteca Universale Synergon, 1992.

DAMÁSIO, Antonio. *O Mistério da Consciência: Do Corpo e das Emoções ao Conhecimento de Si.* São Paulo: Companhia das Letras, 2000.

DIETERICH, Genoveva. *Diccionario del Teatro.* Madrid: Alianza, 1995.

DREIDEN, S.D.; PEVTSOVA, P.I. (orgs.). *I.N. Pevtsov: Literatúrno-Teatrálnoe Naslêdie* (I.N. Pevtsov: A Herança Literária e Teatral). Moskva: VTO, 1978.

FELDENKRAIS, Moshé. *Consciência Pelo Movimento.* 5. ed. São Paulo: Summus, 1999.

GÖETHE, Johann W. *Fausto.* La Habana: Arte y Literatura, 1980.

GROTÓWSKI, Jerzy. *Em Busca de Um Teatro Pobre.* Rio de Janeiro: Civilização Brasileira, 1976.

____. *Tecniche originarie dell'attore, Seminario di Jerzy Grotowski all'Università di Roma.* [S.l.: s.n.]: 1982.

____. *Hacia um Teatro Pobre.* Ciudad de México: Siglo Veintiuno, 1986.

____. El Performer. *Máscara – Cuaderno Iberoamericano de Reflexión Sobre Escenología*, Ciudad de México, ano 3, n. 11-12, 1993.

____. El Príncipe Constante de Ryszard Cieslak. *Máscara – Cuaderno Iberoamericano de Reflexión Sobre Escenología*, Ciudad de México, ano 3, n. 16, 1994.

GUINSBURG, Jacó; NETO, Teixeira C.; CARDOSO, Reni C. *Semiologia do Teatro*. São Paulo: Perspectiva, 1988.

HAOULI, Janete E. *El. Demetrio Stratos: Em Busca da Voz-Música*. Londrina: J.E. Haouli, 2002.

HETHMON, Robert H. *El Método del Actors Studio: Conversaciones con Lee Strasberg*. Madrid: Fundamentos, 1986.

JIMENEZ, Sergio; CEBALLOS, Edgar (orgs.). *Técnicas y Teorias de la Dirección Escénica*. México: Gaceta, 1988.

KAYSER, Wolfgang. *Interpretación y Análisis de la Obra Literária*. Madrid: Gredos, 1972.

KESSELMAN, Hernan; PAVLÓVSKY, Eduardo. *A Multiplicação Dramática*. São Paulo: Hucitec, 1991.

LABAN, Rudolf. *Domínio do Movimento*. São Paulo: Summus, 1978.

MARINIS, M. de (a cura di). *Dramaturgia dell'Attore*. Bolonha: I Quaderni del Battelo Ebbro, 1997. (*Teatro Eurasiano* 3.)

____. *Capire il teatro*. Firenze: La Casa Usher, 1988.

____. *Mimo e Teatro nel Novecento*. Firenze: La Casa Usher, 1993.

MÁSCARA – *Cuaderno Iberoamericano de Reflexión Sobre Escenología*. La Voz. Ciudad de México, ano 2, n. 4-5, 1991.

____. México, ano 3, n. 11-12, 1993.

____. México, ano 4, n. 21-22, 1996.

MONOD, R. *Los Textos de Teatro*. La Habana: Pueblo y Educación, 1989.

OIDA, Yoshi. *Um Ator Errante*. São Paulo: Beca, 1999.

____. *O Ator Invisível*. São Paulo: Beca, 2001.

PALLOTTINI, Renata. *Dramaturgia, a Construção do Personagem*. São Paulo: Ática, 1989.

PAVIS, Patrice. *Dicionário de Teatro*. São Paulo: Perspectiva, 1996.

____. *A Análise dos Espetáculos: Teatro, Mímica, Dança, Dança-Teatro, Cinema*. São Paulo: Perspectiva, 2005.

PICON-VALLIN, B. Histoire d'un cheval. In: *Les Voies de la creation théâtrale, v. XII: V. Garcia, R. Wilson, G. Tovstonogov, M. Ulusoy*. Paris: CNRS, 1984. (Arts du Spectacle.)

REVISTA *de Estudos Orientais*. São Paulo, n. 3, dez. 1999.

RICHARDS, Thomas. *Al lavoro con Grotowski sulle azioni fisiche*. Milano: Ubulibri, 1993.

ROSENFELD, Anatol. *O Teatro Épico*. São Paulo: Perspectiva,1994.

ROUBINE, Jean-Jacques. *A Arte do Ator*. Rio de Janeiro: Jorge Zahar, 1987.

____. *A Linguagem da Encenação Teatral*. Rio de Janeiro: Jorge Zahar, 1998.

____. *Introdução às Grandes Teorias do Teatro*. Rio de Janeiro: Jorge Zahar, 2003.

RYNGAERT, Jean-P. *Introdução à Análise do Teatro*. São Paulo: Martins Fontes, 1995.

____. *Ler o Teatro Contemporâneo*. São Paulo: Martins Fontes, 1998.

RUFFINI, Franco. *I teatri di Artaud: Crudeltá, corpo-mente*. Bologna: Il Mulino, 1996.

SALA PRETA – PPGAC. São Paulo, ano 1, n. 1, 2001.

SÁNCHEZ, José A. *Dramaturgias de la Imagen*. Cuenca: Universidad de Castilla – La Mancha, 1994.

SAVARESE, Nicola. *Teatro e spettacolo fra Oriente e Occidente*. Roma: Laterza, 1997.

SCHNAIDERMAN, Boris. *Projeções: Rússia, Brasil, Itália*. São Paulo: Perspectiva, 1977.

____. *Semiótica Russa*. São Paulo: Perspectiva, 1979.

SHAKESPEARE, William. *Romeu e Julieta*. Tradução de Onestaldo de Pennafort. Porto Alegre: Livraria do Globo, 1947.

____. *Hamlet*. São Paulo: Abril Cultural, 1976.

STAROSÉL´SKAIA, N. *Tovstonógov*. Moskva: Molodáia Gvárdia, 2004.

STRASBERG, Lee. *Um Sonho de Paixão: O Desenvolvimento do Método*. Rio de Janeiro: Civilização Brasileira, 1990.

SZONDI, Peter. *Teoria do Drama Moderno (1880-1950)*. São Paulo: Cosac Naify, 2003.

TAMÁRTCHENKO, N.D. *Teoretitcheskaia Poétika: Poniatia i Opredelenia* (Poética Teórica: Entendimentos e Definições). Moskva: [s.n.], 2001.

TAVIANI, F. Ryszard Cieslak, in Memorian (1927-1990). *Máscara – Cuaderno Iberoamericano de Reflexión Sobre Escenología*, Ciudad de México, ano 3, n. 16, 1994.

TOUCHARD, Pierre-Aimé. *Apologia del Teatro*. Buenos Aires: Fabril, 1961.

VAILLAND, Roger. *Experiência do Drama*. Porto: Presença, 1962.

VEINSTEIN, André. *La Puesta en Escena, su Condición Estética*. Buenos Aires: Fabril, 1962.

VILLAR, Jean. *De la Tradición Teatral*. Buenos Aires: Leviatán, 1956.

VINOGRÁDSKAIA, Irina N. (org.). *Jisn' i Tvórtchestvo Stanislávskovo* (A Vida e a Arte de Stanislávski). Moskva: VTO, 1971 (1º e 2º tomos); 1973 (3º tom); 1976 (4º tomo).

____. (org.). *Jisn' i Tvórtchestvo Stanislávskovo: Letopis´, tom 4 – 1928-1938* (A Vida e a Arte de Stanislávski: Anais tomo 4 – 1928-1938). Moskva: Moskóvski Khudójestvenni Teatr (MKHT), 2003.

WEKWERTH, Manfred. *Diálogo Sobre a Encenação: Um Manual de Direção Teatral*. São Paulo: Hucitec, 1986.

WILLIAMS, Raymond. *Tragédia Moderna*. São Paulo: Cosac Naify, 2002.

WRIGHT, Edward A. *Para Comprender el Teatro Actual*. La Habana: Instituto del Libro, 1969.

Anexo

O Caminho de Minha Vida na Arte

Passarei a dar uma perspectiva de minha formação como aluna de pós-graduação no LGITMiK – Instituto Estatal de Teatro, Música e Cinema de Leningrado e minha atuação como professora e pesquisadora em Artes Cênicas na Universidade Federal de Santa Maria. A instituição determinou, diante da análise de meu currículo, que, como aluna de pós-graduação, eu acompanharia como ouvinte e observadora os cursos de graduação em Maestria do Ator Dramático, de Arkádi Kátzman (1921-1989), com duração de quatro anos, e de Direção Dramática, de Gueorgui Tovstonógov (1913-1988), com cinco anos.

Para o ingresso, os candidatos passavam por uma rigorosa seleção, submetendo-se a testes específicos, práticos e teóricos. Em Maestria do Ator Dramático, eram admitidos 22 alunos, onze mulheres e onze homens; no curso de Direção Dramática, esse não era o critério adotado, e o grupo, além de ser menor, apresentava predominância de alunos homens. Esses cursos só admitiam nova turma após os alunos ingressantes terem concluído a formação acadêmica, ou seja, de quatro e cinco anos respectivamente.

Ambos os cursos – atuação e direção – eram muito disputados pela notabilidade de seus professores principais, Kátzman e Tovstonógov. Todos os demais professores-assistentes na cátedra de Maestria do Ator e de Direção Teatral eram subordinados ao pedagogo principal, que tinha a função de uma espécie de guia, de orientador responsável pela formação artístico-profissional dos atores e diretores. Essa forma de organização curricular propiciava a formação de um coletivo muito forte, guiado pelo mestre principal. Além da qualidade da instituição, o destaque nesse sistema de ensino era, sobretudo, o curso com determinado mestre, o que se assemelhava muito à estrutura dos estúdios criados por Stanislávski, principalmente, ao último, o Estúdio de Ópera e Arte Dramática.

Enumero algumas referências sobre os dois grandes mestres com os quais tive o privilégio de estudar.

Arkádi Kátzman formou-se como ator no LGITMiK, na época da Segunda Guerra Mundial, profissão que exerceu por muitos anos. Mas, ao assumir a responsabilidade pelo curso que levava seu nome, passou a dedicar-se exclusivamente à formação dos estudantes, no papel de principal pedagogo e de diretor responsável pelas montagens dos alunos do curso. Também ocupava o cargo de principal assistente de Gueorgui Tovstonógov no curso de Direção Dramática.

Nos anos de 1978-1979, a turma de atores, que eu acompanhava, concluía sua trajetória de estudos na arte do ator com o espetáculo, dirigido por Arkádi Kátzman, *Sonhos de Uma Noite de Verão*, de Shakespeare (1564-1616). Tive a oportunidade de assistir a uma parte do processo de criação desse espetáculo, apesar dos obstáculos provenientes do escasso entendimento da língua russa. Com os alunos ingressantes no início do ano letivo de 1979, Kátzman dirigiu, como trabalho final de formatura, o romance *Os Irmãos Karamázov* de Dostoiévski (1821-1881). Nessa montagem, só assisti parte do processo de criação, pois sua estreia ocorreu após minha volta ao Brasil. A peça tinha como meio principal de criação a improvisação de *études* (estudos). Faz-se necessário acrescentar que Lev A. Dódin (1944), internacionalmente reconhecido diretor teatral, era professor-assistente nos cursos de Kátzman e Tovstonógov. Com a morte do primeiro, Dódin assume a cátedra do curso de Maestria do Ator Dramático.

Gueorgui Tovstonógov, principal pedagogo do curso de Direção Dramática, que levava seu nome, fez sua formação como diretor no Gitis, ingressante em 1933. Teve como pedagogos principais A.D.

Pópov (1892-1961), A.M. Lobanov (1900-1959) e Maria Knebel (1898-1985), que também foi sua professora, mas não no papel de pedagoga principal. Todos eles eram discípulos e seguidores de Stanislávski, e, além de terem sido atores do TAM (Teatro de Arte de Moscou), haviam participado como estudantes nos seus diversos estúdios, os quais se constituíam em espaços que funcionavam como laboratórios onde o mestre desenvolveu o seu "sistema", experimentou e explorou os princípios fundamentais do processo criativo da arte do ator com os estudantes.

Tovstonógov chegou a assistir a algumas palestras-aulas de Stanislávski no Estúdio de Ópera e Arte Dramática e a conferências no Gitis. Sofreu influência de Nemiróvitch-Dântchenko (1858-1943), Vakhtângov (1884-1924), Taírov (1885-1950), Meierhold (1874-1940) e Brecht (1898-1956), mas considerava-se filho da tradição stanislaviskiana, ou seja, discípulo do Teatro de Arte de Moscou, pois aprendeu com seus mestres o uso do "sistema" de Stanislávski e aplicou-o a partir do conhecimento com eles adquirido e de sua vasta prática como pedagogo e diretor, mas de uma maneira muito pessoal.

Como artista, apesar de haver-se adequado aos cânones do regime soviético, quanto às instituições, e de ter sido muito respeitado pelo regime, sempre usufruiu de muita liberdade em sua arte, a qual apresentava uma irreverência estética não conformista. Gueorgui Tovstonógov foi o principal diretor do Grande Teatro Dramático (BDT) Górki, de Leningrado, hoje Grande Teatro Dramático Gueorgui Tovstonógov. Foi considerado um dos mais importantes diretores da encenação contemporânea, não só em seu país, mas também internacionalmente.

Seus espetáculos foram mostrados em temporadas pela Europa, Estados Unidos, América Latina, pelos países da Ásia e do Leste Europeu. Realizou inúmeras montagens nesse núcleo dos países socialistas. Para dar uma ideia resumida de suas grandes montagens, nomeio algumas entre mais de uma centena: *As Três Irmãs* e *Tio Vânia*, de Tchékhov (1860-1904), *A Ralé* e *Os Pequenos Burgueses*, de Górki (1868-1936), *A História de um Cavalo* e *Ana Karénina*, de Lev

Tolstói (1828-1910), *O Inspetor Geral* e *Almas Mortas*, de Gógol (1809-1852), *A Tragédia Otimista*, de V. Vichnévski (1900-1951), *Henrique IV*, de Shakespeare, *Humilhados e Ofendidos* e *O Idiota*, de Dostoiévski. Sobre este espetáculo há uma declaração de Eugenio Kusnet, que penso ser ilustrativa de sua grandiosidade artística, quando cita o genial ator I.M. Smoktunóvski (1925-1994), no papel de príncipe Michkin: "Até agora, depois de muitos anos, ainda considero aquele espetáculo o melhor entre todos que vi na minha vida."[1] Considerado um diretor altamente versátil, transitou por todo tipo de temas, gêneros e estilos. Foi mestre em criar cenas de grande tensão dramática.

Tovstonógov dirigiu alguns filmes para televisão e escreveu inúmeros artigos e obras, sendo as mais conhecidas *O Espelho da Cena*, em dois tomos, *Conversa Com os Colegas* e *Estreias*. A primeira foi traduzida em várias línguas, o tomo I, na edição cubana recebe o nome de *A Profissão do Diretor de Cena*. Como diretor e pedagogo de alto nível intelectual e artístico, foi responsável pela formação de grandes gênios da cena russa, diretores e atores, muitos ainda em atividade e de reconhecimento público nacional e internacional. Entre os diretores conhecidos no Brasil que foram seus alunos, menciono Lev Dódin e Kama Guinkas (1941).

No curso de Direção, Tovstonógov fazia-se presente duas vezes por semana, pela tarde, já que os ensaios no BDT (Grande Teatro Dramático de nome Górki) eram de manhã, sendo que a turma, no restante do tempo, ficava sob orientação do principal pedagogo-assistente, Arkádi Kátzman, e de seus respectivos pedagogos-assistentes. Na esfera pedagógica do curso de Direção, Tovstonógov e Kátzman eram complementares, um não existia sem o outro (vale observar as datas de suas mortes, 1988 e 1989, respectivamente). Quando Tovstonógov chegava às aulas, era-lhe dedicada uma grande reverência, pois era considerado um diretor-pedagogo muito exigente, que paralisava e ao mesmo tempo entusiasmava a todos. Ao iniciar o trabalho com a apresentação de exercícios criativos preparados

1 E. Kusnet, *Ator e Método*, p. 133.

para o dia – os quais davam a dimensão daquilo que estava sendo trabalhado nas aulas, com os assistentes, na aquisição de técnicas referentes aos elementos do "sistema" e à apresentação de *études* ou análise ativa dos textos – se instalava uma atmosfera descontraída e apaixonada, com calorosas discussões em que diferentes pontos de vista se contrapunham, não só entre alunos, mas entre os dois mestres. Dentro da sala de aula, havia um clima de liberdade de expressão e de igualdade, em que dominavam o espírito ético e o entusiasmo artístico, tão essenciais no "sistema" de Stanislávski.

No coletivo de 1979, ingressantes do primeiro ano, nas aulas de Maestria do Ator, trabalhavam com o método das ações físicas, desenvolvendo os mais variados exercícios com objetos imaginários. Os elementos do sistema eram trabalhados por algumas horas diariamente. O trabalho criativo se dava, sobretudo, por intermédio de improvisações dos *études*, nos quais o aluno tinha de criar uma pequena cena com uma estrutura dramática que contemplasse as etapas exigidas, conforme o método de análise ativa.

A matéria para a criação do *étude* devia ser resgatada da própria vivência do ator, de uma experiência pessoal, de sua memória emocional, de habilidades e de ações com que o aluno possuísse familiaridade. A imaginação entrava no momento da composição e da organização do material e, sobretudo, na execução das ações físicas com objetos imaginários nas circunstâncias inventadas pelo aluno, dentro dos acontecimentos que compunham o *étude*. Os *études* eram elaborados individualmente e submetidos a uma criteriosa análise pelo mestre e pelos professores-assistentes. O aluno tinha de criar e apresentar durante o semestre uma quantidade suficiente de *études*, para que os melhores fossem aperfeiçoados e apresentados em mostras no final do semestre. Nesses trabalhos, o objetivo principal das apresentações era avaliar o desenvolvimento do aluno em cada etapa de sua formação artística, pois aquele que não apresentasse as condições artísticas, disciplinares e éticas exigidas seria eliminado do curso.

O início de cada aula com o mestre seguia um ritual rigoroso, uma espécie de "espetáculo" de uns quarenta minutos, que se compunha de quatro momentos: *exercício criativo, crônica, composição plástica* e *etiqueta inventiva*. O *exercício criativo* era uma espécie de prólogo, que aglutinava uma síntese dos elementos técnicos e teóricos que estavam sendo adquiridos na totalidade das disciplinas, que envolvia o coletivo, sob a "direção" de um dos alunos selecionado *a priori*. Nesse exercício era avaliado a escolha da linguagem artística e sua coerência com o conteúdo apresentado, que, em geral, tratava de habilidades e conteúdos referentes a aprendizagem que estava sendo adquirida, no curso, naquele momento, como de movimentos, gestos, ações, palavras e canções, tendo como fio condutor determinada ideia. Seguia-se a apresentação de uma *crônica* por um aluno também já selecionado, com resolução cênica adequada ao conteúdo, o qual devia estar ligado a algo que havia tocado o aluno, que podia ser no âmbito do curso, da rua, da realidade, enfim, resultante de suas observações e impressões pessoais. Na sequência, uma *composição plástica*, semelhante a uma instalação, a partir de um elemento fixo, a qual devia sugerir uma ação transcorrida que não fosse ilustrativa, mas se constituísse numa metáfora. E, por fim, uma *etiqueta inventiva* de apresentação, oferecida aos professores, de uma bebida (chá, suco, água etc.).

No transcorrer da apresentação desses trabalhos, havia uma disciplina impecável, dentro de todos os requisitos necessários para a apresentação de um espetáculo. O professor principal em conjunto com os demais professores, assistentes, alunos e "aspirantes" (alunos de pós-graduação, no qual me incluía) analisavam cada exercício, tanto na forma quanto no conteúdo e sob o aspecto de sua coerência e de sua lógica. Também eram destacados o humor na criação e a originalidade.

Essas aulas eram sempre assistidas por um público que se compunha de professores e artistas, visitantes nacionais e estrangeiros e dos alunos de pós-graduação, os "aspirantes". A seguir, eram mostrados os *études* individuais, que passavam por análise, discussões e eram retrabalhados nos aspectos considerados problemáticos quanto a sua estrutura e ao seu conteúdo. Quando os atores não possuíam *études* para apresentar, o mestre ou o assistente trabalhava exercícios que envolviam os elementos do "sistema": atenção, imaginação, irradiação, jogos, pesquisa com animais, entre outras habilidades.

Se, no primeiro semestre do ano ingressante, a criação dos *études* devia estar ligada à experiência pessoal do aluno, no segundo semestre, a criação iniciava-se a partir da literatura soviética, por estar mais próxima e pertencer ao seu universo cultural. Nessa etapa da criação dos *études*, havia a necessidade da relação com o *partner* e o desenvolvimento do conflito entre ambos. Os alunos deviam selecionar fragmentos da obra que possibilitassem o desenvolvimento dramático para a construção dos acontecimentos nas circunstâncias propostas na obra que contemplassem o processo de relação conflituosa e que dessem a ideia de totalidade. O texto, quando necessário, devia originar-se das próprias ações do ator dentro das circunstâncias da obra, prevalecendo o critério geral da criação, o "se", gerado a partir da pergunta: *O que eu faria em tais circunstâncias propostas?*

No segundo ano, o aluno passava a ter conhecimento teórico conjuntamente à prática sobre o "sistema" e o método de análise ativa, com todos os elementos que a compõem. Na realidade, o processo que se dava era uma reflexão sistematizada sobre a prática que já vinha sendo realizada e de certa forma em processo de desenvolvimento que se tornava mais complexo pela compreensão e pela reflexão sobre o ato criativo. Nesse estádio de desenvolvimento, o aluno-ator, com certo domínio prático da criação e do núcleo dramático, passava a expandir sua capacidade para selecionar e eleger acontecimentos e circunstâncias na obra literária, a qual servia como base para a criação de *études*.

À medida que a experiência do estudante se tornava mais sólida e ele já possuía certo domínio da ação física com objetos imaginários e das técnicas referentes aos elementos na criação, nos semestres subsequentes passava a trabalhar com obras mais complexas da literatura clássica russa, sem que fosse abandonado o trabalho do ator sobre si mesmo. Nos dois últimos anos, todo o coletivo tinha de passar pela experiência de uma obra clássica de dramaturgia e de uma adaptação literária de um romance.

Os atores tinham de incluir em seu repertório um espetáculo de variedades, composto de números de circo e outras referências artísticas que exigiam habilidades específicas. Todo ator tinha de possuir pelo menos o domínio de um instrumento musical. Havia também a obrigatoriedade da criação de um "espetáculo", com enfoque no domínio da palavra em verso, contando com a participação ativa dos professores de técnica vocal e da palavra cênica, disciplinas ministradas por diferentes professores. No coletivo em que assisti ao processo de estudos, tive a oportunidade de acompanhar o processo do espetáculo com poesias de Púschkin (1799-1837), que tinha como objetivo maior o domínio da ação da palavra em verso.

O coletivo de alunos era formado desde o momento da seleção com critérios artísticos, éticos e disciplinares rigorosos, e isso contribuía para que, nos quatro anos de formação, sob a orientação do professor principal e dos assistentes, se desenvolvesse uma solidez artística e ética nos atores aptos a enfrentarem a profissão. As demais disciplinas, no que tange ao desenvolvimento técnico psicofísico, como voz, palavra cênica, rítmica, dança, luta, esgrima, movimento cênico, estilos, possuíam importância fundamental. Na avaliação dessas disciplinas, eram obrigatórias a escolha e a criação de *études* a partir de obras que exigissem tais habilidades, como o teatro renascentista espanhol, inglês, francês etc. Essas técnicas, tanto para o ator quanto para o diretor, eram necessárias para a atuação no variado repertório de obras clássicas, modernas e contemporâneas, mas também eram complementares para o domínio das tão necessárias leis do controle, da precisão, da decisão e adaptação e da expressividade, que garantiriam a qualidade artística.

Penso ser importante citar as pesquisas de campo que os alunos realizavam como processo do trabalho sobre si mesmo e para as suas criações. Nas férias de verão, o coletivo era designado a trabalhar em *Kolkhoznyi* (sistema de produção coletiva do campo) e, durante a permanência de dois meses no local de trabalho, em que eram desempenhadas as mais variadas tarefas junto à comunidade, devia transformar essa experiência em campo de observação, em criações artísticas através da concretização de ações físicas com objetos imaginários.

Esse material recebia um tratamento de composição por parte dos alunos, que lhe davam adaptação e expressividade artística. O resultado da experiência era apresentado no início do ano letivo em forma de performances, *études* coletivos e individuais, crônicas, exercícios criativos, composições de canções, danças, músicas etc. Era um espetáculo constituído dos mais variados números, originados a partir de observações e experiências vividas pelo coletivo junto a essas comunidades.

Semelhante processo de apropriação física, corporal e espiritual também era usado quando havia a encenação de textos que remetiam à realidade mais próxima, ou permitiam uma transformação para a atualidade. Esses laboratórios experimentais eram vivenciados em locais escolhidos que propiciassem a vivência física e psíquica necessária, exigida para a concepção da encenação de determinado texto. Outra experiência que penso ser importante relatar era um trabalho com animais, resultante da observação, em que o aluno criava *études* individuais ou com *partner*. No coletivo dos atores, houve uma apresentação da *mímesis* de cães, pois Leningrado era uma cidade povoada de cães enormes, em que todos os atores se apresentavam com seu objeto de pesquisa, altamente caracterizados sujeito e objeto, o que se constituiu num espetáculo inesquecível.

No curso de Direção Dramática, da cátedra do professor G. Tovstonógov, as exigências eram gigantescas, pois os futuros diretores, nos primeiros dois anos, eram obrigados a adquirir o conhecimento prático do "sistema", no que tange a arte do ator: trabalho com ações físicas com objeto imaginário, criação de *études* individuais, exercícios criativos, crônicas etc. Era priorizada a especificidade da direção, na apresentação dos trabalhos individuais e coletivos, que, em suma, eram os mesmos já descritos para o ator, sendo que havia a exigência de um olhar diferenciado sobre a invenção cênica, a capacidade mais aguda para dar à ideia uma expressão artística individual que constituísse uma totalidade com todos os elementos inerentes a um espetáculo.

Trabalhavam em diferentes materiais, além da experiência individual no resgate de memórias, como poesia, notícias de jornal, fatos da realidade, com os quais deviam encontrar uma forma de resolução artística da ideia contida no material. Para a análise e a criação da obra, o método utilizado era o da análise ativa, e seu domínio constituía a prova de fogo para o aluno continuar no curso. O método estava presente em qualquer criação, desde o material mais simples até os mais complexos, como criações individuais e coletivas próprias e outros materiais textuais: análise de contos, novelas e romances e textos da dramaturgia clássica.

O aluno de direção cênica, após um ano e meio de curso, iniciava a análise de uma obra literária ou dramatúrgica completa, que pretendia encenar nessa etapa dos estudos. Esse trabalho de análise da obra, de seus acontecimentos principais, tema, ideia e circunstâncias determinantes era apresentado aos mestres e ao coletivo. Esse material, após ter sido submetido à análise crítica, era aprofundado e muitas vezes totalmente recusado ou reelaborado, até que o aluno apresentasse um projeto de análise coerente com a obra. O trabalho criativo com o ator, em fragmentos da obra, que era elaborado concomitantemente a análise, também era apresentado e passava pelo rigoroso processo de questionamento e avaliação. Como resultado, o estudante-diretor devia apresentar um espetáculo que se constituísse numa unidade artística, com todos os elementos que lhe são inerentes. Na montagem de conclusão do curso, que era realizado no último ano (quinto ano), o aluno podia voltar ao seu país de origem ou república da URSS e realizar a montagem com alguma companhia de teatro de lá. Ao regressar à instituição, o formando deveria defender o espetáculo que passava pela avaliação do corpo de professores do curso. No curso que acompanhei, o coletivo ingresso no ano de 1979, dominava uma total atmosfera de criação em cujo ambiente só se respirava arte.

Passo a listar o conteúdo teórico e prático recebido durante minha estada no curso de pós-graduação, de 1978 a 1981:

- A obra de arte como consciência social; a imagem artística e sua estrutura; princípios específicos da arte teatral; fundamentos éticos da arte teatral; o diretor como organizador do processo da criação cênica; teoria da Direção Teatral; problemas modernos da Direção Teatral; unidade do Processo de Educação e Formação do Ator e Diretor.
- Fundamentos da Direção Teatral: método da análise ativa – fundamento da ideia da regência do espetáculo; *Romance da Vida* como método de aproximação ao pensamento do autor pelo diretor; tema, ideia e problema da obra; conflito e circunstâncias; análise dos acontecimentos da obra; objetivos, superobjetivo e linha transversal de ação da obra e personagens como noção básica fundamental do "sistema" de Stanislávski.
- Problemas da Direção Teatral na concretização cênica da ideia: natureza do sentimento do espetáculo; resolução do jogo cênico; atmosfera cênica; tempo e ritmo da ação; resolução musical, cenografia e iluminação do espetáculo; trabalho com os artistas de cenografia, iluminação, música e indumentária.
- Aulas sobre Direção do Drama: trabalho prático como assistente no curso de Direção Teatral com os estudantes, além do programa estabelecido; trabalho com *études* com fundamentos na literatura; criação sobre fragmentos de peças dramatúrgicas.
- Aulas sobre maestria do ator: fundamentos da maestria do ator; princípios da psicotécnica do ator e suas tarefas; elementos e conformidades da ação cênica; tarefas do ator em relação ao seu treino; acontecimento como unidade fundamental e estrutural do processo da vida; *études* (exercícios de criação cênica), como forma de domínio integral e natural da ação cênica; caráter de metamorfose do ator no processo de criação.
- Aulas práticas de maestria do ator: trabalhos práticos como assistente no curso de Atores Dramáticos, com os estudantes, sobre fragmentos de romances e dramaturgia na criação de *études*;

pesquisa sobre psicotécnica do ator. Foram ministradas por mim aulas de treinamento psicofísico com alunos do referido curso e aulas abertas de treinamento psicofísico.

- Aulas práticas de movimento cênico, estilo, rítmica, esgrima, acrobacia, luta, dança e palavra cênica em horários livres, extracurriculares. Defesa prática e teórica do trabalho: *Plasticidade e Expressão do Movimento*, pesquisa realizada com os atores do curso de Teatro Dramático. Participação do elenco da montagem *Mandrágora*, de Maquiavel (1469-1527), espetáculo final do diretor cubano Armando Crespo, aluno de Sulímov (1913-1994), Leningrado, URSS, 1980.
- Apresentação do trabalho de Direção sobre a encenação do conto de V. Chukchin (1929-1974), "Lágrimas de Kuko", cumprindo as etapas de estudo e aproximação da obra do autor; análise de direção da encenação; trabalho de criação sobre os fragmentos da obra pelo método da análise ativa para a realização da ideia.
- Acompanhamento de todo o processo de criação, desde o início dos ensaios até a estreia, dos espetáculos *Lobos e Ovelhas*, de A.N. Ostróvski (1823-1886), e *Tragédia Otimista*, de V. Vichinévski, direção de G. Tovstonógov, no Grande Teatro Dramático M. Górki.
- Realização de pesquisas sobre o cinema novo brasileiro, no setor de cinema do LGITMiK, resultando no projeto "Ideologia: Visão Artística Fundamental do Cinema Novo Brasileiro", que propunha a inter-relação entre a moderna literatura brasileira e o cinema novo brasileiro. Projeto apresentado para ingresso em doutorado em Moscou, no Instituto de Literatura Mundial Górki, na especialidade de Literatura Latino-Americana, na cátedra de I.A. Terterian (1933-1986), que aceitou ser minha orientadora.

Sobre minha atividade acadêmica na UFSM e aplicação dos conhecimentos adquiridos sobre o "sistema":

Ingressei na Universidade Federal de Santa Maria (UFSM) em 1985, na área de Artes Cênicas. O curso de Artes Cênicas da UFSM, na época, era o de Educação Artística – Licenciatura Plena em Artes Cênicas, extinto em 1994. Nesse curso, ministrei as disciplinas de Encenação, Técnicas de Teatro e Dança, Laboratório de Pesquisa Dramática, Evolução do Teatro e Dança, Prática de Ensino, Metodologia de Ensino em Artes Cênicas. Nas disciplinas referentes à arte do ator e do diretor, conduzi minha prática como pedagoga guiada pelos ensinamentos do "sistema".

Em 1992, inicia-se o processo de estruturação e elaboração do curso de Bacharelado em Artes Cênicas, opção em Direção e Interpretação Teatral, do qual assumi a coordenação. O método de análise ativa ocupou o lugar de centro unificador do processo de educação e formação do artista como um todo.

Apesar do corpo docente, em seu conjunto, originar-se de diferentes formações, com alguns professores provenientes do próprio curso, os quais haviam sido meus alunos, havia alguns princípios básicos em comum sobre a arte do ator e do diretor que possibilitavam a troca de experiências que enriqueciam a todos. Esse entendimento comum nos levava a realizar projetos que envolviam grande parte das disciplinas práticas e algumas teóricas, em que professores e alunos passavam por uma experiência unitária.

Aqui citarei alguns projetos interdisciplinares, com caráter de ensino, pesquisa e extensão, os quais envolviam grande parte dos professores, e nos quais foi aplicado o método de análise ativa, na análise do material textual[2] e no processo de criação. São eles:

- A montagem *Mockinpott*, de Peter Weiss (1916-1982), na qual atuei como assistente de direção e no processo de análise do texto, cuja pesquisa de linguagem era sobre o *clown* e o bufão.
- A criação do espetáculo *Manantiais*, uma saga da cultura gaúcha, tendo como base para a criação contos e lendas de Simões Lopes Neto (1865-1916), Barbosa Lessa (1929-2002) e Auguste de Saint-Hilaire (1779-1853). Aglutinava professores e alunos

2 O termo material textual é entendido em seu sentido amplo, ou seja, contempla qualquer fonte criativa, quer seja ela de autoria individual ou coletiva.

do curso de Artes Cênicas na pesquisa, criação e produção. Na preparação do elenco, foram conjugadas e compartilhadas várias experiências e referências dos professores, como a do "sistema" de Stanislávski, Meierhold, Laban (1879-1958), Grotowski (1933-1999), Lecoq (1921-1999), Barba (1936-), em que o método de análise ativa, através da análise do material textual e da técnica de improvisação, serviu como base no processo de criação. Assumi nessa montagem a assistência de direção e a criação do roteiro, o qual possuía uma estrutura que entrelaçava o real e o fantástico, imagens míticas e históricas, presente e passado. Na seleção do material literário para a criação dos acontecimentos pelos atores e na sua estruturação em espetáculo, foi utilizada a análise da ação, que se constituiu num sólido caminho para a organização do vasto e complexo material produzido pelas improvisações e pesquisa de campo, o qual teve seu entrelaçamento produzido nos múltiplos níveis da narrativa do espetáculo.

- A montagem de *Os Tambores Silenciosos*, romance de Josué Guimarães (1921-1986), em que atuei como assistente de direção e coordenei a equipe de dramaturgia, na adaptação do texto literário para o teatral, a qual passava pelo processo de seleção de fragmentos e circunstâncias da obra e que se concretizava em acontecimentos cênicos, por intermédio de improvisações, para serem estruturados no roteiro final.
- A Construção de uma Dramaturgia de Imagens a partir dos poemas de Sam Shepard (1943-2017), projeto em que realizei a análise da ação dos poemas, a revelação de seus acontecimentos imersos na palavra poética, as circunstâncias, a ideia, o superobjetivo e a ação transversal. Esses elementos serviam de suporte para a criação, por meio da improvisação, na busca de imagens que revelassem o conteúdo através do poético, em que a palavra só podia surgir como resultado da ação concreta e ser usada em sua totalidade, em parte ou estar ausente.

- O projeto de pesquisa e criação do espetáculo *O Nariz*, de Gógol, em que realizei a análise geral da obra e de fragmentos do texto literário, escolhidos pelo aluno, destacando que a análise, sem perder a visão de totalidade da obra, estava na dependência da escolha de cada fragmento; isto é, o desenvolvimento dramático era relativo ao momento do início e do fim da parte selecionada. Essa escolha de fragmentos gerou inúmeras análises e processos de evolução dramática dos acontecimentos. As criações individuais, em que todos os alunos tinham de dirigir um fragmento e também atuar em outros, possibilitaram vasto material criativo que passou por um processo de sistematização e montagem resultando no espetáculo.
- A participação, como co-orientadora, em projetos que aglutinavam algumas disciplinas afins, nos quais se propunha a criação, com base na aquisição de técnicas e estilos específicos do bufão, do *clown* e da *Comédia Dell'Arte*, conteúdos esses transmitidos pela professora Inês Marocco, do departamento de Artes Cênicas, adquiridos na Escola Jacques Lecoq, me levou a assumir a função de responsável pela análise ativa do material textual. Atualmente, ela atua no Departamento de Arte Dramática da UFRGS e na disciplina de Direção Teatral, utilizando o método de análise ativa com seus alunos, adquirido através das experiências compartilhadas nos referidos projetos.

Nas disciplinas de Encenação, o conhecimento do método para a análise do material textual sempre esteve sob minha responsabilidade. No processo de aquisição do conhecimento prático-teórico do método, pressupõe-se que o aluno já tenha passado pela experiência com as ações físicas com objetos imaginários e a criação do pequeno núcleo dramático, o *étude*, por intermédio de improvisações. As improvisações eram geradas a partir de temas oriundos de material ligado à experiência pessoal do aluno, mediante o resgate de suas memórias. O material, proveniente de sua vivência, levava o aluno a mergulhar em suas raízes e torná-las fonte de criação, dando início ao processo de individualidade artística.

Dentro desse processo evolutivo, já no terceiro semestre de encenação, o recurso aplicado para a transmissão do método sempre foi a utilização de material literário, essencialmente contos, por entender que esse recurso obriga o aluno a criar a partir de uma estrutura da ação possibilitada pela análise e não a partir do texto dramático, que já vem com o diálogo pronto. Esse procedimento, além de afastar a tendência ilustrativa do texto, força tanto o diretor quanto o ator a entrarem no núcleo da obra, na ação e encontrarem soluções individuais criativas na construção dos acontecimentos.

Após ter transmitido os elementos e princípios fundamentais do método de análise ativa através de um texto que eu considerava exemplar, didaticamente falando, cada aluno elegia um conto de sua preferência, devendo justificar sua escolha, seus primeiros sentimentos suscitados sobre o conto e suas possibilidades cênicas. Esses aspectos passavam pela verificação da análise da ação por mim junto com o coletivo, podendo então iniciar-se o processo de criação. A disciplina Ética e Estética, também sob minha responsabilidade, que só iniciava no terceiro semestre dos estudos, ajudava a estabelecer, por intermédio do conhecimento dos pesquisadores, diretores e diretores-pedagogos, os princípios éticos e estéticos e os métodos que regiam as práticas dos produtores da tradição teatral do século xx. Essas duas disciplinas, Encenação e Ética e Estética, se complementavam, pois levavam o aluno a dimensionar a importância da individualidade artística e as tendências de determinada estética, como também possibilitavam obter a ideia de conjunto da criação.

A fonte de experiência prática com o método de análise ativa mais significativa, além da já mencionada, foi como orientadora de dramaturgia e/ou de espetáculos, através da orientação e/ou coordenação de projetos finais de montagem, tanto de alunos de direção quanto de atuação. Foi utilizado o método na criação de espetáculos a partir dos mais diversos textos literários ou de dramaturgia de autores clássicos, modernos e contemporâneos. Citarei somente alguns autores para não me alongar demasiadamente nessa exposição:

Eurípedes – dramaturgia; Sófocles – dramaturgia; Jean Genet – dramaturgia e literatura; Samuel Beckett – dramaturgia e literatura; Nelson Rodrigues – dramaturgia; Plínio Marcos – dramaturgia; Oscar Wilde – dramaturgia e literatura; Luigi Pirandello – dramaturgia e literatura; Eugène Ionesco – dramaturgia; William Shakespeare – dramaturgia; Miguel de Cervantes – dramaturgia e literatura; Clarice Lispector – literatura; Hilda Hilst – literatura; Guimarães Rosa – literatura; Anton Tchékhov – dramaturgia e literatura; Antonin Artaud – dramaturgia e literatura; Nikolai Gógol – literatura; Julio Cortázar – literatura; Alfred Jarry – dramaturgia; Alexandre Dumas Filho – dramaturgia; Ariano Suassuna – dramaturgia; Edward Albee – dramaturgia; Franz Kafka – literatura; Albert Camus – literatura; Fernando Arrabal – dramaturgia; Federico Garcia Lorca – dramaturgia; Luis Fernando Verissimo – literatura; Georg Büchner – dramaturgia; Bertolt Brecht – dramaturgia; Pedro Calderón de la Barca – dramaturgia; Peter Weiss – dramaturgia; Jorge Luis Borges – literatura; Caio Fernando Abreu – literatura; Jean Cocteau – dramaturgia; Lya Luft – literatura; Lygia Fagundes Telles – literatura; Cleber Laguna – literatura e dramaturgia .

Atualmente, os professores, atores e diretores que concluíram seus estudos universitários no Departamento de Artes Cênicas da UFSM, de 1985 a 2001, dos quais tenho conhecimento, encontram-se atuando em escolas, em grupos de teatro independentes, em secretarias de cultura e também em universidades do país como professores. Todos passaram pelo processo de conhecimento do método em sua trajetória de formação; uns o assimilaram com maior paixão e domínio do que outros, e a importância que lhe atribuem, em seus trabalhos criativos ou pedagógicos, depende, sobretudo, da individualidade artística e pessoal, que foge de meu alcance.

Tenho acompanhado a trajetória de alguns atores e diretores, que foram meus alunos, que utilizam o “sistema”, mais especificamente o método de análise ativa, em seu trabalho criativo, e o consideram não só um meio para as suas produções artísticas, mas também um princípio orientador geral de suas práticas artísticas. Também tenho conhecimento de inúmeros alunos, que concluíram cursos de pós-graduação, em mestrado e em doutorado – no país e no exterior, alguns atuando em universidades –, com excelentes dissertações e teses. Em muitas dessas pesquisas, os objetos de estudo estão ligados diretamente ao "sistema" de Stanislávski ou de seus discípulos.

Este livro foi impresso na cidade de Cotia,
nas oficinas da Meta Brasil, para a Editora Perspectiva.